丛书策划 陈义望 朱宝元

看世界 | 区域国别史经典丛书

# THE HISTORY OF HOLLAND

# 荷兰史

## 小国大业

Mark T. Hooker

[美] 马克·T. 胡克——著

黄毅翔——译

中国出版集团 東方出版中心

图书在版编目（CIP）数据

荷兰史：小国大业 /（美）马克·T. 胡克著；黄毅翔译. 一上海：东方出版中心，2024.5

ISBN 978-7-5473-2384-7

Ⅰ. ①荷… Ⅱ. ①马… ②黄… Ⅲ. ①荷兰–历史 Ⅳ. ①K563

中国国家版本馆 CIP 数据核字（2024）第 077151 号

上海市版权局著作权登记：图字 09-2024-0290 号



**荷兰史：小国大业**

著　　者　[美] 马克·T. 胡克
译　　者　黄毅翔
丛书策划　陈义望　朱宝元
责任编辑　陈义望　戴浴宇
封面设计　钟　颖

出 版 人　陈义望
出版发行　东方出版中心
地　　址　上海市仙霞路 345 号
邮政编码　200336
电　　话　021-62417400
印 刷 者　上海盛通时代印刷有限公司

开　　本　710mm×1000mm　1/16
印　　张　16
字　　数　214 千字
版　　次　2024 年 5 月第 1 版
印　　次　2024 年 5 月第 1 次印刷
定　　价　68.00 元

非常感谢

安妮·雅各布斯-奥滕

为我审读初稿

提出无数有价值的建议

另致谢

弗兰克·撒克里和约翰·芬德林

给我机会

参与这一丛书

特别的谢意

致吾妻斯特拉——她生长于海牙

——是她唤起我对荷兰及荷兰的一切的兴趣

# 目录 Contents

# 历史事件纪年表

| | |
|---|---|
| 公元前 57 年 | 尤利乌斯·恺撒开始对比利时部落的征服 |
| 公元前 15 年 | 奥古斯都将比利时各部落的土地设为比利时高卢(Gallica Belgica)行省 |
| 公元前 12 年 | 弗里斯兰被罗马统治 |
| 公元 28 年 | 弗里斯兰人发动反罗马叛乱 |
| 公元 48 年 | 罗马人在属于今日乌特勒支地区的莱茵河一岛屿上建立殖民地 |
| 公元 68—69 年 | 巴达维亚人发动反罗马叛乱 |
| 约公元 400 年 | 西罗马帝国覆灭 |
| 481 年 | 克洛维斯加冕为国王 |
| 486 年 | 克洛维斯攻陷罗马人在高卢最后的领地 |
| 493 年 | 克洛维斯臣服了所有萨利安部落 |
| 506 年 | 克洛维斯打败日耳曼部落阿勒曼尼 |
| 511 年 | 克洛维斯过世,其帝国被儿子们瓜分 xiii |
| 687 年 | 小丕平(墨洛温王朝宫相)重新统一了帝国 |
| 689 年 | 丕平打败弗里斯兰国王拉德孛 |
| 695 年 | 威利布罗德在乌特勒支建立传教中心,对弗里斯兰人传播福音 |

| | |
|---|---|
| 714 年 | 拉德孛夺回弗里斯兰南部,将领土扩张到科隆 |
| 717 年 | 铁锤查理打败拉德孛 |
| 732 年 | 铁锤查理在普瓦捷附近打败穆斯林 |
| 751 年 | 丕平三世获得法兰克帝国的王冠和实质上的王权 |
| 800 年 | 教皇利奥二世承认查理曼为神圣罗马皇帝 |
| 843 年 | 凡尔登条约将查理曼的帝国分成三份,给他的三个孙子继承 |
| 850—1007 年 | 维京人入侵 |
| 1287 年 | 海水侵入,形成须德海 |
| 1356 年 | 《恭迎大驾》(相当于《大宪章》的荷兰版本)将权利赋予公民 |
| 1419 年 | 勃艮第伯爵、好人菲利普上台掌权 |
| 1464 年 | 菲利普设立首任总议会 |
| 1477 年 | 总议会获得"大特权"特许状 |
| | 勃艮第女大公玛丽与哈布斯堡王室的马克西米利安一世成婚 |
| 1516 年 | 查理五世成为西班牙国王 |
| 1519 年 | 查理五世成为神圣罗马帝国皇帝 |
| 1532 年 | 枢密院成立 |
| 1543 年 | 查理五世攻陷格尔,完成对十七省的征服 |
| 1555 年 | 查理五世让位于菲利普二世 |
| 1559 年 | 帕尔玛公爵夫人玛格丽特成为尼德兰总督 |
| 1564 年 | 枢机主教格朗韦勒被召回 |
| xiv 1566 年 | 荷兰低级贵族形成"一致同盟" |
| 1567 年 | 阿尔瓦大公被派往尼德兰 |
| | 玛格丽特辞任总督 |
| 1568—1648 年 | 寻求脱离西班牙争取独立的八十年战争 |
| 1572 年 | 乞丐海军攻击荷兰省与西兰省的港口 |

| | |
|---|---|
| | 总议会首次自主召开 |
| 1573 年 | 雷克森斯取代阿尔瓦大公(执行在尼德兰的任务) |
| 1574 年 | 对莱顿城的围攻被解 |
| 1576 年 | 《根特和平协定》 |
| 1579 年 | 阿拉斯联盟恢复了西班牙在南部的统治<br>乌特勒支联盟成立,宣告脱离西班牙获得实质上的独立 |
| 1581 年 | 《取消宣誓法案》宣告从西班牙正式独立 |
| 1584 年 | 奥伦治的威廉在德尔夫特被一罗马天主教狂热信徒刺杀 |
| 1588 年 | 西班牙无敌舰队(被击败) |
| 1598 年 | 菲利普二世去世 |
| 1602 年 | 荷属东印度公司成立 |
| 1609—1621 年 | 八十年战争期间的十二年停战 |
| 1621 年 | 荷属西印度公司成立 |
| 1648 年 | 《威斯特伐利亚(明斯特)条约》终结了八十年战争:北部七省成为一个独立国家,南部省份仍归西班牙统治 |
| 1650 年 | 威廉二世去世 |
| 1650—1672 年 | 第一次无执政王时期 |
| 1652—1654 年 | 第一次英荷战争 |
| 1665—1667 年 | 第二次英荷战争 |
| 1672—1674 年 | 第三次英荷战争 |
| 1677 年 | 威廉三世与英国詹姆斯二世之女玛丽成婚 |
| 1689 年 | 光荣革命使威廉和玛丽携手统治英国 |
| 1702 年 | 威廉三世去世,无子嗣,终结了奥伦治王室的直系血统 |
| 1702—1747 年 | 第二次无执政王时期 |

| | |
|---|---|
| 1748 年 | 威廉四世就任执政王;使此职位世袭化 |
| 1780—1784 年 | 第四次英荷战争 |
| 1782 年 | 首位美国大使约翰·亚当斯出访海牙 |
| 1791 年 | 荷属西印度公司解体 |
| 1795—1806 年 | 巴达维亚共和国：荷兰被偏向法国的爱国运动者统治 |
| 1799 年 | 荷属东印度公司的特许状到期 |
| 1806—1810 年 | 拿破仑的哥哥路易·波拿巴成为荷兰国王 |
| 1810 年 | 荷兰王国被法兰西帝国兼并 |
| 1813 年 | 拿破仑的帝国覆灭后,荷兰脱离法国获得自由<br>威廉一世(奥伦治-拿骚家族)加冕为尼德兰国王 |
| 1815—1830 年 | 维也纳会议将今天的比利时和荷兰统一为尼德兰王国,由威廉一世统治 |
| 1830 年 | 比利时革命 |
| 1839 年 | 荷兰与比利时正式分裂 |
| 1848 年 | 通过标志现代民主开端的新宪法 |
| 1872 年 | 新水路运河开通 |
| 1914—1918 年 | 一战：比利时沦为战场,荷兰保持中立 |
| 1916 年 | 阿姆斯特丹以北发生大规模洪灾 |
| 1917 年 | 男性获普选权 |
| 1922 年 | 女性获普选权 |
| 1932 年 | 阿夫鲁戴克堤完工 |
| xvi 1940—1945 年 | 二战：被德国占领 |
| 1946—1949 年 | 在印度尼西亚进行军警武装镇压 |
| 1948 年 | 威廉明娜女王让位于女儿朱丽安娜<br>比荷卢三国关税同盟成立 |
| 1948—1954 年 | 马歇尔计划 |
| 1949 年 | 印度尼西亚独立 |

| | |
|---|---|
| 1953 年 | 西兰省发生大规模洪灾 |
| 1957 年 | 《罗马条约》奠定了欧洲经济共同体的基础 |
| 1967 年 | 欧洲经济共同体形成 |
| 1975 年 | 苏里南(前荷属圭亚那)独立 |
| 1980 年 | 朱丽安娜女王让位于女儿贝娅特丽克丝 |
| 1986 年 | 艾瑟尔湖/须德海的四个圩田正式成为第十二省——弗雷佛兰 |
| 1992 年 | 《马斯特里赫特条约》使欧洲迈向经济与货币联盟(EMU) |
| 1993 年 | 欧盟成立 |
| 1995 年 | 南部河流泛滥成灾 |
| | 7 月 11 日,波斯尼亚的斯雷布雷尼察安全区在荷兰维和部队的防卫下陷落 |
| 1999 年 | 欧洲中央银行于 1 月 1 日成立,欧元成为流通货币之一 |
| 2002 年 | 欧元在 1 月 1 日正式流通 |
| | 欧洲经济与货币联盟成员国货币从 7 月 1 日起停止流通 |
| 2003 年 | 贝娅特丽克丝女王年届 65 岁 |

# 缩　　写

| | |
|---|---|
| AAW | 全民残疾补助法案 |
| ABW | 国家救助法案 |
| AEX | 阿姆斯特丹证券交易所 |
| AKW | 全民儿童救济法案 |
| ANW | 全民抚恤金法案 |
| AOV | 老人联盟党 |
| AOW | 全民养老金法案 |
| AVRO | 无线电广播总协会 |
| AWBZ | 全民特殊医疗费用法案 |
| BTW | 增值税 |
| CDA | 基督教民主联盟 |
| CPN | 荷兰共产党 |
| D’66 | 六六民主党 |
| ECB | 欧洲中央银行 |
| EEC | 欧洲经济共同体 |
| EMU | 欧洲经济与货币联盟 |
| EU | 欧盟 |
| EUF | 能耗状况 |

| | |
|---|---|
| GDP | 国内生产总值 |
| GNP | 国民生产总值 |
| IKV | 泛信仰和平咨询委员会 |
| IMF | 国际货币基金组织 |
| KRO | 天主教广播电台 |
| KVP | 天主教人民党 |
| NATO | 北大西洋公约组织 |
| NCRV | 荷兰基督教广播协会 |
| NDT | 尼德兰舞蹈表演剧团 |
| NRC | 新鹿特丹商报 |
| OECD | 经济合作与发展组织 |
| PC | 个人电脑 |
| PPR | 政治激进党 |
| PvdA | 工党 |
| REB | 能源调控税 |
| SFOR | 稳定力量 |
| TEU | 集装箱运量统计单位(20 英尺) |
| UNTSO | 联合国停战监督组织 |
| USIS | 美国新闻署 |
| VARA | 劳动者业余广播协会 |
| VOC | 荷属东印度公司 |
| VPRO | 自由新教广播电台 |
| VUT | 提前退休制 |
| VVD | 自由民主人民党 |
| WAO | 残疾救济法案 |
| WIC | 荷属西印度公司 |
| WULBZ | 带薪病假法案 |
| WW | 失业救济法案 |
| xxi ZFW | 医疗保险法案 |

# 第一部分

# 现代荷兰：概况

# 第一章　地　　理 3

荷兰的正式名称是荷兰王国。其政体为君主立宪制，领土面积相当于美国马萨诸塞和康涅狄格两州面积之和。抱持纯粹主义的荷兰人坚称"荷兰"仅指该国12个省中的2个（北荷兰省和南荷兰省），但在大部分场合，"荷兰"和"尼德兰"的用法几乎不加区别。[①] 只要听听荷兰球迷在足球赛中给国家队的加油声就明白了，他们所支持的是荷兰而非尼德兰："加油——荷兰——加油！"

英语中"荷兰人"（Dutch）一词其实源自德语的"**德国人**"（*deutsch*）。英国人起初用这个词指所有的日耳曼人，但因荷兰人与他们的接触和冲突比其他日耳曼人要频繁，所以至16世纪末，"Dutch"便成为专指荷兰人的词了——但不包括美国宾夕法尼亚州的荷兰人。

不过，宾夕法尼亚州荷兰人的称法也源自"*deutsch*"一词。他们并非来自荷兰，其祖先是17、18世纪移民到宾夕法尼亚的德国人和瑞士

---

① 荷兰王国的英文全称为 the Kingdom of the Netherlands，直译过来为"尼德兰王国"，而我们通常所称的"荷兰"则译自 Holland 一词。"尼德兰"（Netherlands）在中世纪时指的是欧洲西北部的低地地区（包括今比利时、荷兰、卢森堡和法国的东北部），而"荷兰"一词则主要指在尼德兰资产阶级革命中起主导作用的北方各省（尤其是荷兰省，即今日的南荷兰省和北荷兰省），它们也是今日荷兰的核心区域。我国习惯上在指代现代荷兰时，将两词一律译为"荷兰"。——译者注

人。美国规模最大的荷兰人聚居区在密歇根州。该州的霍兰市
4 (Holland)有荷兰村和荷兰博物馆，也是荷兰冬季节和郁金香节的举办地。荷兰女王贝娅特丽克丝1982年出访美国时曾于此城逗留。

## 语言

荷兰语属日耳曼诸语言之一。说这种语言的人在荷兰大约有1 600万，在比利时北部则有500万左右(比利时南部的人说法语)。荷兰语跟德语在发音、词汇和语法上有明显差异，会其中之一对学习另一种有帮助，但两门语言并不互通。

荷兰和比利时两地所用荷兰语——后者为佛兰德斯语——不同，在发音和词汇上，大致相当于美式英语和英式英语的差别。尼德兰还有若干地区性方言，其口音很重，本地区以外说荷兰语的人几乎无法理解。电视访谈里，有浓重林堡口音的受访者发言会加上字幕，以便所有的观众都能明白说了些什么。

荷兰语不是荷兰的唯一语种。弗里斯兰省就有两种官方语言，所有文件必须准备弗里斯兰语和荷兰语两个版本。在该省，弗里斯兰语同荷兰语的竞争关系就好比威尔士语及爱尔兰语(盖尔语)同英语在威尔士及爱尔兰的竞争一样。另外，毗邻格罗宁根省的德国北部地区也仍在使用弗里斯兰语。说这种语言的人大约有40万。弗里斯兰语的词汇更接近英语而非荷兰语。这强调了一个事实，即英格兰的盎格鲁-撒克逊人和弗里斯兰人源出同一支日耳曼群落：印盖窝内斯人①。荷兰电视节目有弗里斯兰语字幕，正如有英语、德语、法语或任何其他外语的字幕一样。

如今，很难想象会在荷兰和比利时以外任何地方听到荷兰语。除非你乐于付出大量辛劳来学习，否则除了几句寒暄的短语外，学荷兰语并没有什么真正的必要。荷兰人从五年级就开始学英语，75%的人说

---

① 塔西陀《日耳曼尼亚志》中描述的民族，为西日耳曼尼亚部落，生活于北海海岸，也称北海日耳曼民族。自公元前1世纪起逐渐分化出弗里斯兰、撒克逊、盎格鲁和朱特人(Jutes)。——译者注

得相当流利。英语电影和电视以原声附荷兰语字幕的形式播出;流行音乐用英语演唱,所以乐迷们有理解歌词的动力;以英语教学的大学课程也很常见。

可在 17 世纪,尼德兰联合共和国是世界上经济、文化和科学实力最突出的国家之一。很多荷兰科学家被全世界所景仰,譬如现代临床医学教育的奠基人赫尔曼·布尔哈弗(1668—1738),国际法的创始者胡戈·德赫罗特(1583—1645),还有摆钟的发明者克里斯蒂安·惠更斯(1629—1695)。荷兰各所大学吸引了大量国外的学生。这一切令当时的荷兰远比现在要蜚声海外。

俄语至今仍受荷兰语的影响,有很多航海术语源自后者。因为 17 世纪时,俄国沙皇彼得大帝(1672—1725)曾在赞丹(Zaandam)学习过造船技术。荷兰词汇作为他所得造船技术和经验的一部分,也随他一同返回了俄国。

自幕府将军德川家光(1604—1651)在 1641 年驱逐所有外国人出境后的几个世纪里,全欧洲只有荷兰人能接触日本。荷兰商人是西方商品和观念进入日本的唯一渠道,荷兰语是能在那里听到的唯一欧洲语言。日语的很多医学和航海学词汇源自荷兰语,还有其他一些词也是,例如ビール(啤酒)、コーヒー(咖啡)和ウォーター(水)。今天,日本的一些大学依旧设荷兰语课程,作为印度尼西亚研究的组成部分。将荷兰语学习同印度尼西亚研究结合在一起看似不太合理,不过事实上印尼曾是荷兰的殖民地之一。荷属时期,印尼的大量相关资料以荷兰语写成,学生们需要理解荷兰语,才能对这些资料加以利用。现在,荷兰语已不再是印尼官方语言,也不再广泛使用,可律师还需掌握,因为很多可援引为例判的法律文书是荷兰语写的。

苏里南(前荷属圭亚那)和荷属安的列斯仍在用荷兰语。若荷兰人没有在第二次英荷战争(1665—1667)中被英国人赶出新阿姆斯特丹(现纽约),无疑荷兰语会在北美洲东海岸广泛使用至今。纽约各教堂就用荷兰语直到 1763 年。

虽然荷兰移民很快掌握了新家乡的语言，但在吸收了大量荷兰移民的美国、加拿大、新西兰和澳大利亚，一些家庭内部还是会说荷兰语。当
6 地的若干荷兰文报纸就以这些人为受众，例如出版于不列颠哥伦比亚[①]的兰利(Langley)市、在加拿大和美国的发行覆盖面都很广的《荷兰新闻报》(*De Hollandse Krant*)。这些国家的大学常常提供荷兰语和荷兰研究课程，如墨尔本大学的荷兰语系规模就很大。

荷兰语在南非同样有非常广泛且持久的影响。17 世纪，前往荷属东印度群岛(印度尼西亚)的海路还很长，要绕过非洲的最南端(直到 1869 年才有苏伊士运河这条前往远东的捷径)。1652 年，荷兰人在好望角建起一个殖民地，作为前往荷属东印度群岛的中转站，给过往船只装上新鲜的饮用水和给养，也给病患提供照料。目前在南非有 600 万人使用的南非荷兰语，就是以 17 世纪殖民者的荷兰语为基础发展出来的。甚至大量英国人到达并最终完全控制南非后，英语也不能彻底取代南非荷兰语。荷兰语和南非荷兰语的关系非常密切，因此受过教育的荷兰人或南非人只要多花上一点力气，就可以阅读对方的报纸。

## 陆地

荷兰陆地面积一共是 33 948 平方公里。这不包括任何宽过 6 米的内陆水域或领海。若把所有水域都计算在内，荷兰的面积有 41 526 平方公里。荷兰比丹麦小，但大过比利时。它位于欧洲西北部，东邻德国，南接比利时，西边和北边都傍着北海[②]。荷兰与北海相接的海岸线(642 公里)要长过其与比利时(407 公里)或德国(556 公里)的国境线。

荷兰在北纬 50°45′至 53°52′、东经 3°21′至 7°13′之间。此位置比美国阿拉斯加州凯奇坎(Ketchikan)市(55°25′N，131°40′W)更靠南，但比

① British Columbia，加拿大最西部的省。——译者注

② 大不列颠群岛、欧洲大陆和斯堪的那维亚半岛之间的海域，是大西洋的一部分。——译者注

加拿大魁北克(46°50′N,71°15′W)更靠北。北部省份格罗宁根的省会格罗宁根市(53°13′N)与加拿大拉布拉多的古斯贝市(Goose Bay, 53°15′N)几乎处于同一纬度。在这一纬度,一年中白昼最短的一天——12月21日——仅有7小时43分的日照,白天最长的一天——6月21日——则有16小时46分钟的白昼。

## 气候

尽管地理位置偏北,但荷兰气候温和,夏季凉爽,冬季不算寒冷。1月平均气温为2摄氏度,7月平均气温为17摄氏度。北海对沿海地区 7
的气候影响极大,使那里的气温趋于平缓。一年中气温低于冰点的日子,海边平均为40天,更靠内陆的德伦特省则平均为80天。

自开始有可靠气象数据记录的1706年以来,最暖的月份是1996年的7月。这一破纪录的酷暑在一定程度上表现了荷兰气候的新趋向。20世纪最热的5个年份均在1987年以后。自1987年8月起的95个月间,年平均气温比1901—1987年提高了1摄氏度。举例来说,1995年7月平均气温为20.1摄氏度,比1987年前的7月平均气温高3.1摄氏度。

以前,荷兰家庭、办公室和商店里还很少有空调。可现在,家用、车载和商用空调的销售正在增长,因为荷兰人要从不寻常的夏暑中寻求解脱。温室效应是荷兰目前所关注的焦点问题之一。

荷兰年均降雨量在700~800毫米之间。越靠近海岸降雨就越多。

## 为不被淹没而进行的抗争

从字面上解读,Holland意为“凹陷之地”。荷兰大约27%的国土低于海平面,并有60%的人口居住其中。全国平均海拔仅为11米。荷兰的地势如此之低,是因为其位于三条河流——莱茵河(荷兰语:Rihn)、马斯河(荷兰语:Mass)、斯海尔德河(荷兰语:Schelde)——的三角洲地带,也即位于它们汇入北海的河口。三条河一路向海的河道中沉积了很多属于这个国家的土壤。除了有河流以外,荷兰是欧洲运河系统最发达的国家之一。因为到处都是水,游泳成了小学的必修课,这也是出于保障孩子安全的实际需要。

荷兰地势由西向东逐渐升高。最高点是位于东南部林堡省的瓦尔瑟(Vaalserberg)山,海拔 321 米。该处地貌特征为低山脊和起伏不大的丘陵,富含煤矿,自 16 世纪开始开采。格罗宁根省斯洛赫特伦(Slochteren)市附近探出天然气田后,因为天然气的价格更低,煤矿的劳动成本又很高,所以煤便逐渐被天然气所取代。瓦尔瑟的煤矿于 1974 年关闭。

8 全国最低处低于海平面 6.7 米,在鹿特丹东北的亚历山大王子圩田(Prince Alexander Polder)——荷兰人用“圩田”(polder)来形容从海水中争来的土地。

西部平坦的大地上纵横着排水系统的沟渠,使这些低地保持干燥。在这些棋盘似的田野尽头,伫立着一座座始现于 13 世纪、用于抽水的风车,这些风车的功能已被更小更不起眼、通常使用太阳能的电泵所取代。曾经用来驱动水泵和磨盘的风车已是吸引游客的景点和古物,但仍有一些荷兰风车继续发挥着功用。现代的巨型风车群将北海吹来的永不消逝的风转化为电力。在 1995 年,荷兰大约有 1 000 座发电用风车,每座平均发电量为 25 万千瓦,发电总量足以供当时的 15 万户家庭使用。

欧洲最大的风力发电站坐落于荷兰北部格罗宁根省的埃姆斯蒙德。该站有 94 台风力涡轮发电机,一年可产生 7 300 万千瓦时的电力——足够 24 000 户家庭使用。这座电厂是荷兰伊登公司和美国凯尼科技公司的一个合作项目,由凯尼科技设在加利福尼亚的一家工厂远程控制其运行。

避免低地被水淹没是长期而艰辛的斗争,从荷兰人的气质中可以见到这场斗争的痕迹。荷兰人的宽容和依靠共识进行统治的原则举世闻名,其基础就是团结协作,而团结协作是避免被水吞没所必需的。按本杰明·富兰克林(1706—1790)所言,若不同舟共济,他们几乎一定会在独来独往中溺水而亡。

荷兰人刻苦勤勉、意志坚定,绝不轻易屈服。自 1200 年以来,他们遭受了至少 20 次大洪水。大约两千年前生活在今荷兰南部的弗里斯兰人建起巨大的**土墩**(荷兰语: *terpen*),在巨浪和洪水中保护自己和家畜。最终,部分土墩被土墙连接起来,以获得更好的防洪效果。这便是最早的堤坝。

随着历史的发展,荷兰人逐步改进了对抗海洋的手段。土墩被石头和混凝土取代,风车让位给了电泵。今日,荷兰人在水利工程方面的成就举世公认。

荷兰人在浅水区构筑堤坝、从水下获得土地,就拓展了自己的国土,而不必像其他国家不时为之的那样从别国抢夺。最大也最知名的圩田在从前的须德海(Zuiderzee; *zuider* = 南, *zee* = 海,又译南海)一 9
带。须德海原本并不是一片海域。13 世纪以前,这里是弗里斯兰人居住的低海拔沼地。1287 年,阻挡北海的土丘被冲垮,海水淹没了沼泽,方构成须德海。直到 600 年后,荷兰人才从海洋手中夺回了本属于他们的土地。

1916 年,阿姆斯特丹以北的大片土地在一场猛烈的暴风雨中陷入汪洋。这促使荷兰人开始实行向须德海要回土地的计划,该计划最早由科内利斯 · 莱律(1854—1929)于 1886 年公开提出。16 年后的 1932 年,荷兰人围拢了阿夫鲁戴克堤①。这条大堤从两端开始建造,分别从北荷兰省和弗里斯兰省的海岸延伸出来,穿过 32 公里宽的水面。在两段大堤交会处有一块铭匾,以纪念堤坝的围拢和完成。在同被淹没的命运进行了长期的抗争后,荷兰人视阿夫鲁戴克堤为胜利的纪念碑。

与海洋隔开后,须德海最终成为淡水湖,更名为艾瑟尔湖(*IJssel*=艾瑟尔河,一条汇入该湖的河流,*meer*=湖)。把这片湖水从不安宁的海洋中分离出来后,排干一部分、使之成为圩田就有了可能。从艾瑟尔湖中造出的圩田有 4 块,令荷兰土地面积增加了 165 000 公顷(1 公顷=10 000 平方米)。

---

① 阿夫鲁戴克堤又称“拦海大堤”。此处原文似有误。科内利斯 · 莱利的计划似应在 1916 年水灾后提出,1932 年施行,相隔 16 年。——译者注

1953年2月，阿夫鲁戴克堤顶住了冬季暴风雨的侵袭，但南部的一些堤坝没能坚持住。洪水淹没了1 500平方公里的土地，死亡人数达1 835人，还有7万多人无家可归。荷兰人的应对方法是启动了一项称为“三角洲工程”的大型防洪工程。通过这一工程，斯海尔德河和新水路运河间的河流都不再与海相连。斯海尔德河和新水路运河则不能阻隔，因为海运船需要通过它们抵达内陆的港口。在这两条河中，荷兰人建起了可视情况开合的水闸。斯海尔德河水闸完工于1986年。本书撰写时，新水路运河的水闸仍在建设中。

虽然三角洲工程是巨大的成功，但荷兰人尚未赢得与水的战争。阿夫鲁戴克堤和三角洲工程专注于防止来自海洋的洪灾，但1995年2月，荷兰南部泛滥的河流构成了威胁。有25万人不得不撤离疏散，不过因洪水造成的死亡只有2例。政府迅即作出反应以改进这一方面的防洪措施。防洪开支占荷兰国民生产总值(GNP)的比重很大，但考虑
10 到60%的国民生活在海平面以下，这些花费适得其所。

## 自然资源

荷兰北部的格罗宁根省有若干大型天然气田，北海近海也有一些小型气田。它们最早发现于1959年。据当时推测，斯洛赫特伦市附近的气田储量接近28亿立方米。这是西欧最大的天然气田。目前荷兰所有气田的天然气总储量估计为17 650亿立方米。1997年的天然气产量为840亿立方米，大约一半出口到比利时、德国、法国、意大利和瑞士。

荷兰也有一些小型油田，大部分位于近海，可产出大约3 600万吨原油，相当于其国内需求的15%(1995)。1970—1994年间，荷兰成功减少了能源需求中石油所占比重，从58%降到了36%。这一变化在很大程度上是天然气取代石油的结果，不过节能方面的成功也对此有所助益。

荷兰的自然资源还有盐和黏土。盐主要用于化学工业，事实上，荷兰化工及制药集团阿克苏—诺贝尔名字中的“Z”即代表荷兰语中的**盐**(*zout*)。黏土用于陶瓷器制造，代尔夫特市在这一领域很有名。该城

的黄金时代是1650—1750年,当时荷兰人试图复制中国瓷,后来又想仿制从日本进口的瓷器,这些瓷器——尤其是蓝白色的品种——在欧洲的需求量极大。最繁荣的时候,这座城市有30多家生产法恩斯陶器①(锡釉彩陶)的工厂,但到1854年仅余一家,德国人和英国人开发的新产品所带来的竞争是这一制造业崩溃的原因所在。不过约斯特·霍夫特(1838—1884)令代尔夫特陶器业获得了新生,他在1876年创造了一种新的上釉工艺(在瓷器上附透明釉)。今天,中国仿制的代尔夫特蓝陶又在荷兰被出售给游客。

## 动物和植物

荷兰是欧洲森林覆盖率最低的国家之一。以松树为主的森林仅占全部陆地面积的8%左右。因为有各种类型的水域,该国是所有迁徙 11
类水禽的天堂。

## 交通运输

荷兰位于诸多河流进入北海的入海口,这一位置是该国的重大财富。荷兰人在17世纪将其地理位置资本化,成为世界上主要的贸易强国。今日的荷兰是欧洲重要的转运和物流中心,运输业大约占国民生产总值的8%,同时也占全国约40%的年石油消耗量。

每年通过海运、内陆水运和公路运入荷兰的货物超过4亿吨。其中大部分的目的地不是荷兰,而是其他欧洲国家。例如,欧洲从日本进口的货物有40%途经荷兰;美国最大的50家出口商中,大约20家在欧洲有分销机构,其中约半数位于荷兰。荷兰一年的中转和出口(包括管道输送的天然气出口)量达3.5亿吨,荷兰人乐于将他们四通八达的地理位置和运输设施宣传为“欧洲的正门”。出口业占荷兰国民生产总值的51%。

---

① faiénce,在法国称作法恩斯陶器,在意大利和英国分别称为马约利卡陶器和代尔夫特陶器。——译者注

鹿特丹港在货物吞吐总量上冠绝全球，1997 年为 3.073 亿吨，加上阿姆斯特丹港，总吞吐量占所有欧盟(EU)国家海运进口量的 37%。荷兰的其他主要港口有费尔森/艾默伊登(Velsen/IJmuiden)、埃姆斯海文、弗利辛恩(Vlissingen)、泰尔讷普(Terneuzen)、弗拉尔丁恩(Vlaardingen)和代尔夫宰尔。

阿姆斯特丹的斯希普霍尔机场是西欧第四大空运中心，每年的货物吞吐量超过 100 万吨。同时该机场也是荷兰客运航空的枢纽，1997 年的客流量为 3 140 万人次。斯希普霍尔的航班通往 97 个国家的 227 个目的地，是全球航线密集度第三的机场，仅排在希思罗(伦敦)和夏尔·戴高乐(巴黎)机场之后。把所有班次都计算在内，1997 年有 349 500 架次的飞机在斯希普霍尔机场起飞或降落。机场的位置是典型的荷兰风格，位于海拔负 4 米的一个圩田内，该圩田是 19 世纪排水工程所得。而机场名称 Schiphol 的字面含义为“船的腔洞”。另外，鹿特丹和马斯特里赫特也有国际机场，分别名为泽斯蒂恩霍芬(Zestienhoven)和贝克(Beek)。

荷兰最知名也是最大的航空公司是皇家航空(Koninklijke Luchtvaart Maatschappi, KLM)。它是全球持续运营年代最长久的航空公司，其定期航班服务始于 1920 年。其他在荷兰运营的航空公司有 12 马丁航空、泛航航空(Transavia)以及荷兰航空(Air Holland)。这些公司都是客运特许承包商，不过马丁航空也提供货运服务。

荷兰内陆水道总长 4 832 公里。莱茵河三角洲、北海运河以及斯海尔德河深水港每年共装卸 7 160 万吨的货物。荷兰内陆水运船只超过 6 000 艘，在世界同类船运中规模最大，运载三分之二通过水路运输进入欧盟的货物。

荷兰共有 9 000 公里的油气管道，将鹿特丹港的石油和格罗宁根省气田的天然气输送到全荷兰乃至比利时、法国和德国的客户。在荷兰每年进口的大约 8 700 万吨石油中，有 5 400 万吨左右制成成品油重新出口。

荷兰铁路总长 2 798 公里，70%实现了电气化。荷兰铁路公司是欧洲运营最繁忙的铁道系统。荷兰全国共有 366 个客运站，一天有 2 425 班车次，每年有约 100 万人搭乘至少一次列车。尽管政府在争取让更多人改乘公共交通，减少私人交通工具的使用以降低汽车尾气对环境的污染，但为乘客提供的政府补贴正在减少。荷兰铁路公司还有 6 401 辆货车和 71 个货运站。1991 年，通过列车运送的货物有 1 840 万吨；1996 年，这一数值上升到 2 080 万吨。

荷兰铁路公司的轨道网曾完全属于国有并由政府全权掌控。铁路客运由政府一般收入账目提供补贴。政府的新政策意图令荷兰铁路公司实现彻底的财政独立。可是政治家们现在发觉，若荷兰铁路公司实现独立且以盈利为目的，则其决策将违背政府的交通运输宗旨——如这一宗旨中的头等大事：稳定票价、维持运行无利润但社会必需的车次路线。无论如何，荷兰人搭乘客运列车的次数确实在增长。1985 年的铁路旅客周转量为 92 亿人公里①。1996 年，这一统计数字提高到 140 亿人公里以上。

自行车是荷兰人的主要交通工具之一。因为该国地势十分平坦而且面积极小，所以用自行车十分便利。在荷兰，不光孩子们骑自行车，人们平时上下班和购物也用它。邮递员骑着车递送邮件，母亲用自行车载孩子们上学。每年，所有荷兰人用自行车行经的里程可以十亿公里计。1996 年，该里程数为 125 亿公里。

1996 年，全荷兰有大约 1 600 万辆自行车，略多于定居人口数。每年售出的新自行车大约为 130 万辆。1996 年的自行车销售额达 4.75 亿美元，自行车维修费用总计 1.745 亿美元。自行车专用路和特别划出的自行车专用道合起来共有 19 000 公里。甚至还有专为骑车人而设的交通信号灯。 13

你能在将近 80 个荷兰铁路公司的站点中租到自行车，就像在美国的机场能租到汽车一样。火车站里也有自行车修理店，骑车到火车站

① passenger-kilometer，计算客运量的一个复合指标，为运输人数与运输距离的乘积。——译者注

再坐列车上班的人可以把自行车留在店里维修,傍晚回来再取。

对坚持要驾车的人,荷兰有 105 000 公里的铺设路面,其中包括 2 100 公里的双向分行公路。自 20 世纪 70 年代起,荷兰的汽车数量一直在大幅增长,增速比人口更快。至 1996 年 8 月 1 日,持牌私家车共有 560 万辆,相当于平均每 1 000 人有 365 辆。以面积密度来算,平均每平方公里土地上有 3 公里长的铺设路面和 165 辆汽车。每天有 230 万辆汽车用于上下班,高峰期的交通堵塞是荷兰人生活的一部分。据估计,每年有 2 600 万小时耗费于交通堵塞之中。

近 15%的荷兰家庭有两辆以上的汽车,而没有汽车的家庭少于 10%。随着汽车数量的增长,交通事故死亡人数也在上升,1995 年的死亡人数为 1 334。不过,荷兰在驾车安全方面仍排世界第四,每 10 万居住者的交通事故死亡人数为 8.6。只有英国(6.4)、瑞典(6.5)和挪威(7.0)的交通事故死亡率比荷兰更低。在美国,每十万居住者的交通事故死亡人数为 15.9。

荷兰 75%以上的交通里程数为汽车交通;60%的汽车交通为少于 7.5 公里的短途行驶。为了让更多人使用自行车或公共交通上下班,政府正采取特别措施,其手段为对自驾车进行财政遏制,如给汽油设高税率。尽管如此,在不超过 7.5 公里的短途旅程中,有大约三分之一还是汽车交通。多德雷赫特的一项案例研究表明,若所有此类短途旅行均用自行车代替,在 7 年间可节约的金额高达 5 500 万荷兰盾(2 750 万美元)。

便利是人们驾车而不骑自行车上下班或购物的原因之一,但另一方面是害怕自行车遭窃。有 27%的荷兰人因这一顾虑而放弃自行车。每年自行车失窃数达 100 万辆。收赃者一般会为一辆偷来的自行车出
14 10～25 荷兰盾(5～12.5 美元),而新车的平均价为 710 荷兰盾(355 美元)。在荷兰,自行车可以上失窃保险,就像美国的汽车保险一样。

荷兰的公共交通很发达,巴士、有轨电车与铁路有机结合,形成便利的交通网络,遍布全国各地。在白天的城区,往来市中心的车辆每 15 分钟就有一班;夜里这一频率降至 30 分钟一次。市中心则每 5～7

分钟就有一趟巴士或电车。

尽管政府对自驾车进行遏制，也鼓励人们搭乘公共交通，可在1996年，公共交通只占所有交通量的10%左右。大约有2万辆出租车在荷兰运营。

## 通信

国家对PPT(邮政、电话、电报)的垄断终于1989年，此后即私有化为荷兰皇家电信公司(Koninklijke Post Nederland, KPN)。荷兰拥有优质、现代化的通信基础设施。1995年，所有的电话交换信号均为数字式。移动电话使用广泛。荷兰还启动了一项新的光缆入户计划，准备利用现有的天然气输送管道将光缆延伸到用户家中，用户可获得高带宽接入方式，享用音频和视频信息。

## 主要城市

### 兰德斯塔德都会区

荷兰人口最密集的区域为兰德斯塔德(Randstad, *rand*＝边缘；*stad*＝城市)。这一名词由荷兰航空先驱阿尔贝特・普莱斯曼(1889—1953)于20世纪30年代提出，指荷兰西部的都市群，包括多德雷赫特、鹿特丹、代尔夫特、海牙、莱顿、哈勒姆、阿姆斯特丹和乌特勒支。这些人口稠密的城市构成了开口朝东南方的马蹄形区域；人口较少、城市化程度较低的马蹄形中央区域被称作“绿色心脏”(green heart)。

荷兰西部的大部分政治和经济活动发生于兰德斯塔德。政府意识到该地区对基础设施的需求压力过高，正在采取步骤，鼓励居民和企业迁出兰德斯塔德。这些步骤之一是将政府部门迁到别的地方，例如教 15
育部中处理学生补助的机构已迁至格罗宁根；之二是扩展其余地区的交通基础设施。虽然通往北部和南部省份的交通状况已经得到改善，还是有很多人觉得那里太过偏僻。格尔德兰省东部就被视作阿赫特胡克(Achterhoek，意为偏僻的内地)。

荷兰人对距离有独特的概念，这一概念由他们所生活的国家大小所决定。在荷兰，若孩子生活在驾程两小时以外的地方，在他们亲人的口中便仿佛是在地球的另一端。而在美国，你很可能开车两小时去喜欢的餐馆吃饭，你的双亲可能生活在两个时区以外。在荷兰人看来，家在海牙、儿子搬到北方格罗宁根（坐火车需 3 小时）的情况，相当于美国人眼中的家在阿拉巴马、儿子搬到加利福尼亚（坐飞机需 5 小时，差 3 个时区）。

## 阿姆斯特丹

阿姆斯特丹始于 13 世纪阿姆斯特尔河（Amstel River）畔居民点，在文件档案中其存在最早可追溯到 1275 年。其原名为 Amstelledamme，意为阿姆斯特尔河上的堤坝。虽然荷兰的正式首都是阿姆斯特丹，可国会、政府、使馆和皇室都位于海牙。阿姆斯特丹的首都地位是为纪念它在黄金时代中的显赫辉煌。

除去来自鹿特丹的些许竞争，阿姆斯特丹是荷兰的文化中心。荷兰国家博物馆位于该城，以馆藏的荷兰和佛兰德斯艺术大师们的画作而闻名于世。其中最耀眼的是伦勃朗·范·赖恩（Rembrandt van Rijn，1606—1669），《夜巡》（*The Nightwatch*，1642）是那里展出的他的作品中最知名的画作。阿姆斯特丹市立博物馆藏纳了更近现代的艺术家们的作品，其中的主要人物是文森特·梵·高（1853—1890）；还包括一些 20 世纪荷兰艺术家，例如皮特·蒙德里安（1872—1944）、谢斯·范·唐吉（1877—1968）和卡雷尔·阿佩尔（1921—　）等。

世界顶尖交响乐团之一、皇家音乐厅管弦乐团属于阿姆斯特丹。还有众多剧院遍布全城。此外，尼德兰 8 所大学中的 2 所位于阿姆斯特丹。20 世纪 60 年代是因反正统运动（anti-establishment）[①]而知

16

① 始见于 1958 年的英国杂志《新政治家》的名词，指反对传统的、现有的、居于统治和上层地位的机构和权力，质疑国家政策和文化取向的思潮。其焦点问题包括越战、冷战、太空竞争、教育体制等，后逐渐强调个人自由的价值。我国目前尚无固定译法，一般译作"反建制""反正统""反制度""反权威"等。——译者注

名的时期，阿姆斯特丹即为这一运动的中心。今天的阿姆斯特丹则挤满了游客。

荷兰铁路公司印制发行过一套海报，宣传城市间的旅行有多便宜，其中代表阿姆斯特丹的图形是一个红色灯泡。荷兰人马上能意会，因为阿姆斯特丹的红灯区很有（狼藉的）声名。在荷兰，卖淫合法、受政府管控且需交税。

## 鹿特丹

17 世纪，罗特河（Rotte）上建成了一座横跨两岸的大坝，形成一条深且安全的水路，于是鹿特丹作为一个港口开始兴盛。至 19 世纪，它先后被安特卫普港和阿姆斯特丹港所超越。不过，迅猛的工业化进程沿着莱茵河逆流而上，带来更多的河流交通，也产生了直通北海的需求。其结果就是开通于 1872 年的新水路运河。这一通往海洋的深水航道是鹿特丹港再次成功的关键。

第二次世界大战初期的 1940 年 5 月，德军的轰炸令鹿特丹遭严重破坏，但它恢复了过来，并成为世界上总吞吐量最大的港口。不过，若以集装箱运量统计单位 TEU 来算，中国香港和新加坡要排在鹿特丹之前，后者在 1997 年仅装卸了 500 万 TEU 的货物。尽管来自其他欧洲港口的竞争十分激烈，鹿特丹仍拥有欧洲 42％的船运市场份额。但为了保持竞争力，鹿特丹必须将其基础设施现代化以处理更多的集装箱，因为集装箱在装卸货物时更高效。跟其他欧洲港口相比，鹿特丹港在处理集装箱方面的优势是能容纳吃水线更深的船只。现代集装箱货轮越来越庞大，排水量也越来越多，所以这一点颇为重要。

鹿特丹的人口中，只有 36％在城内居住时间不少于 25 年，而且这一比例还在下降。教育更好、工资更高的人倾向于离开这座城市。与荷兰其他地方相反，鹿特丹的人口平均年龄正在下降而非上升。

鹿特丹的人口中大约 40％可视为外来人，也就是无荷兰血统。而且荷兰人会马上告诉你，超过 25％的鹿特丹人为**有色外来人**，即非欧洲种族。预期在不远的将来，鹿特丹人口增长中超过 80％会来自这些 

17

非欧洲族裔。较年轻的鹿特丹人在多民族的城市环境中成长，对外来民族的歧视不如其父辈严重，但在问卷调查中，他们仍对城市民族构成及其后果表现出消极的态度。

公共安全，尤其在入夜后，是居民在公开民意调查中反映的最严重的问题之一。瘾君子和毒品是他们对公共安全不放心的最大因素。

## 海牙

海牙是荷兰第三大城市，在荷兰语中称为 Den Haag。此名源于威廉二世（1234—1256）始建于 1248 年的伯爵宅邸的本来名称 's-Gravenhage（伯爵府）。虽然具体日期不详，但这是官方认可的海牙诞生年。伯爵宅邸的**内府**——荷兰语称为 *het Binnenhof*——今天仍作为国会大厅使用；**外围**——荷兰语称为 *het Buitenhof*——为改善交通而在 1923 年拆除。

荷兰国王要前往阿姆斯特丹加冕，海牙则是政府和民政服务机构的所在地。每到 9 月份的第三个星期二，国王会乘坐金色的马车，前往**内府**宣布国会召开。海牙有三处王室宅邸：长沃尔豪特宫（Paleis Lange Voorhout）、极北宫（Paleis Noordeinde）和作为王宫的博斯宫（Huis ten Bosch）。海牙也是若干联合国国际机构，如国际法庭、前南国际刑事法庭（ICTFY）、禁止化学武器组织（OPCW）总部和所有驻荷外国使馆的所在地。

莫瑞泰斯美术馆也在**内府**建筑群内，有不少弗美尔和伦勃朗的作品。闻名遐迩的尼德兰舞蹈表演剧团也位于海牙。两年一次的荷兰舞蹈节（Holland Dance Festival）和一年一度、世界闻名的北海爵士会都在该市举办。

## 乌特勒支

乌特勒支是荷兰第四大城市，1996 年有居民 234 254 人。它在四大城市中历史最为悠久。公元 48 年，罗马人在一条莱茵河支流冲积而成的小岛上建起一个守备殖民地，该地过去叫特勒支（Trecht，意为河流的浅处①)。这是罗马帝国抵御野蛮人的北方边境防线的一部分。695 年,该殖民地成为威利布罗德主教(658—739)的驻地,他就从这里 18
向弗里西亚人传播基督的福音。现在的乌特勒支天主大教堂就位于从前的罗马守备站原址上。

乌特勒支是欧洲第一个获准每年举行集市的城市。1114—1127 年间的主教戈德巴尔德将这一权利延续到了 1127 年。今天,乌特勒支是上百个博览会和展销会的举办地,每年吸引超过 200 万参观者。

① 来自拉丁文 Traiectum。——译者注

19

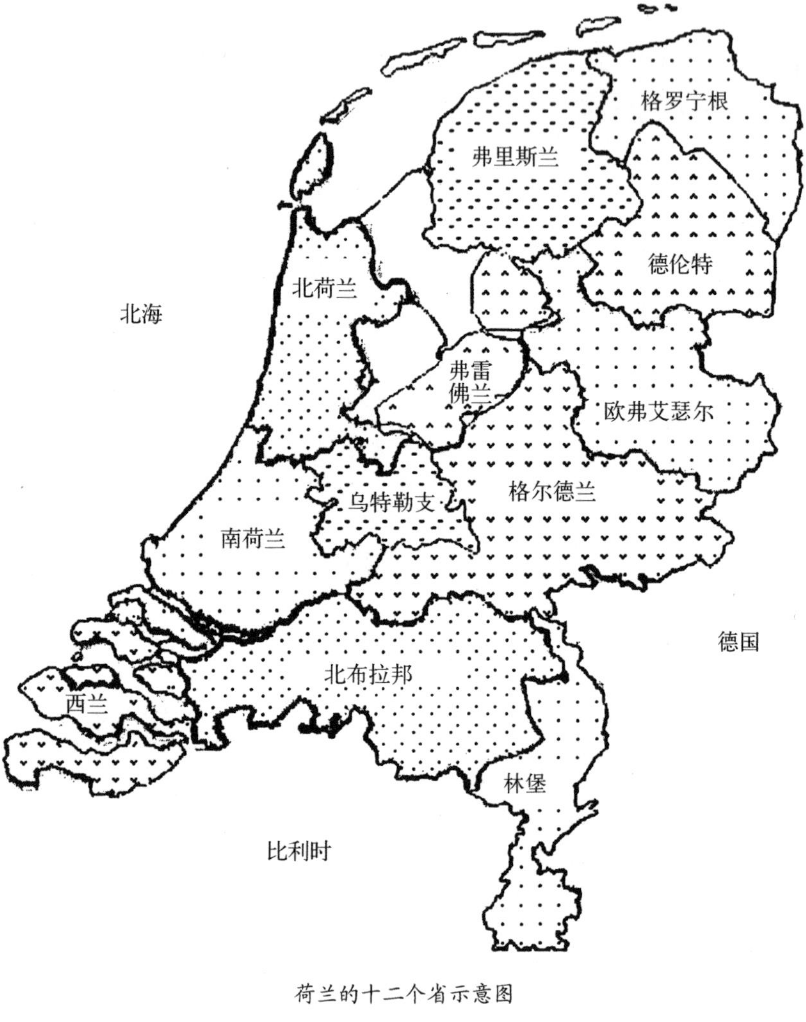


荷兰的十二个省示意图

乌特勒支大学成立于 1636 年,有荷兰唯一的兽医学院,其学位也是美国和加拿大所认可的唯一国外兽医学位。这一学科的毕业生有资格在北美开业行医。

乌特勒支是荷兰铁路公司总部和荷兰皇家造币厂所在地。以中世纪和巴洛克音乐为主的荷兰音乐节在这座城市举办。

## 十二省

### 德伦特

德伦特是荷兰人口密度最小的省份,每平方公里居住人数为 172。该省是荷兰人度假、远离喧嚣的去处,有 5 座荷兰国家公园。德伦特的省会是阿森(Assen)。

二战后,政府对北部工业化实行了政策扶持,位于北部地区东南角的德伦特省又是北部最大的工业密集区,塑料、金属、光学和精密仪器业十分发达。虽然德伦特保留了乡村面貌,农业对该省的重要程度现已远远不如二战后初期。不过,这里是荷兰园艺业增长最快的地区。

德伦特的巨石墓闻名遐迩。这些巨石洞穴由大约 5 000 年前的原住民建成。荷兰现存的 54 座巨石墓中,有 52 座在德伦特省境内。同时该省也因发掘出佩塞独木舟(约公元前 6000 年)而出名,这是已知最古老的船。

### 弗雷佛兰

弗雷佛兰省由艾瑟尔湖/须德海的四块圩田组成,1986 年正式成为荷兰的第十二个省,也是最年轻的省。弗雷佛兰这一名称源自罗马人给此地区的命名:弗雷佛(Flevo,出现于庞培尼乌斯作品中)和弗雷乌姆(Flevum,出现于普林尼作品中)。在罗马时代还没有须德海,庞 20
培尼乌斯笔下的弗雷佛是莱茵河右侧的支流流域,该支流先是变宽并汇入一处湖泊,随后又变窄直到流入大海。该地区至 13 世纪才完全被淹没,14 世纪才有“须德海”的称法。

该省省会是莱律斯塔德(Lelystad),这一命名是为了纪念科内利斯·莱律,他在1886年发布的围海造田计划是须德海工程的基础,因为他的远见卓识,艾瑟尔湖圩田才成为可能。最古老的两块圩田,维灵厄梅尔(Wieringermeer)圩田以及东北(Northeast)圩田用于农业;东弗雷佛兰(East Flevoland)圩田结合了农商业用地和居住区;最新建成的南弗雷佛兰(South Flevoland)圩田被设为居住、商业和娱乐地区,其目的之一是减轻兰德斯塔德的拥挤状况。位于南弗雷佛兰的阿尔默勒(Almere)市是荷兰发展速度最快的城市,也是阿姆斯特丹从业者们的聚居区。

## 弗里斯兰

弗里斯兰是荷兰人口密度第二小的省份,每平方公里居住人数为182——仅多于德伦特。其省会为吕伐登(Leeuwarden)。在一张荷兰铁路公司的海报上,吕伐登的象征是一头黑白相间的弗里西亚奶牛,正准备去存一堆牛粪;而南部的相应标识为水果馅饼,林堡省以此闻名。见到这张海报的荷兰人都能明白,因为弗里斯兰的特产是牛奶和黄油。该省有优良的牧场,牧草生长季节也很长。弗里斯兰人从罗马时代起就是牧民,用牛皮和牛角向罗马人缴税。

因为气候条件,弗里斯兰省是十一城市冰上巡回赛的主办地。这一长距离滑冰竞速赛在20世纪仅举办了15届,每次吸引的参赛者数以千计,他们要通过11座城市共200公里的严苛赛程,穿越冰封的湖泊和运河。

## 格尔德兰

格尔德兰是荷兰最大的省份,面积为5 131平方公里。省内有荷
21 兰的第六座国家公园上维卢韦森林公园,以自由漫步的鹿而闻名。该省省会是阿纳姆(Arnhem)。

格尔德兰以农业为主,该省瓦格宁根市大学设有农业学院。在格尔德兰,每公顷奶牛和肉鸡数达全荷兰平均值的2倍,猪的数量是全荷兰平均值的1.5倍,贝图韦(Betuwe)地区还是荷兰有名的水果之乡。

另外，该省也是古日耳曼民族巴达维亚人的家园。罗马人曾记载过他们的事迹，法国统治时期的巴达维亚共和国(1795—1806)以此命名，属东印度群岛(今印度尼西亚)的首府巴达维亚(今雅加达)同然。在古日耳曼语中，**贝图韦**(Betuwe)意为“好土地”，而国家公园所在地**维卢韦**(Veluwe)意为“坏土地”。

在原先的罗马边境守备城镇奈梅亨市，每年都会举行称作“四日(Vierdaagse)徒步”的耐力挑战赛，男性参赛者要每天完成50公里的艰苦赛程(女选手赛程为40公里)。相应地，荷兰铁路公司海报上给奈梅亨之旅所作的图示是一只裹着绷带的脚。人们通常把四日徒步俗称作“水泡节”。

### 格罗宁根

格罗宁根的省会是同名的格罗宁根市，该市曾是汉萨同盟[①]的成员，该同盟是古日耳曼城镇组成的行会性团体，旨在促进和保护商业活动。与德伦特省一样，该地区有很多史前人类留下的遗迹，有大约400个弗里斯兰人所建土墩和两个巨石墓。其人口较为稀少(每平方公里居住人数为238)，经济依旧以农业为主。格罗宁根省曾被视作相当贫困的地区，但如今有了世界最大的天然气田之一，即发现于1959年、在斯洛赫特伦镇附近的气田。

为刺激该地工业发展，政府设代尔夫宰尔和埃姆斯海文为本省的经济发展中心。迁至此二城的公司可享有能源成本降低及政府补助的优势。但该政策并不成功，因为有太多的商业人士觉得格罗宁根离兰德斯塔德过远：坐火车需3小时。

### 林堡 22

林堡省会为马斯特里赫特。该省大部分边界与信仰天主教的比利

① 13—15世纪间的北欧重要经济和政治势力。“汉萨”在中世纪德语中意为“行会”或“协会”，来自哥特语中的“军队”一词。——译者注

时相邻，在 20 世纪 60 年代中后期，即荷兰的柱群(pillars)——社会各群体间的相互封闭——开始破裂、各群体开始融合之时，林堡省尚有 90%的人口为天主教徒。至今仍有很多欧洲国家举办的传统罗马天主教节日嘉年华，也在林堡及相邻的北布拉邦省举行，场面十分壮观。“马斯特里赫特”这一名词普遍用来指代欧洲货币及政治联盟，因为该联盟在 1991 年成立于马斯特里赫特市。

这是荷兰唯一能找到山的省份——至少看起来像山。林堡曾是煤炭业中心，一度满足了荷兰 65%以上的煤炭需求。不过，在格罗宁根省斯洛赫特伦附近发现的天然气田令燃料需求从煤炭转为天然气，导致当地煤矿在 20 世纪 70 年代关闭。政府将中央统计局迁到林堡以减轻该省在经济上所受的打击。曾运营这些煤矿的荷兰国家矿业公司转向化工行业，现已是该领域的大型生产企业。

### 欧弗艾瑟尔

欧弗艾瑟尔省位于荷兰东陲，与德国接壤。该省之名源自流入艾瑟尔湖的艾瑟尔河。其省会是兹沃勒(Zwolle)，这个城市作为荷兰政治家约翰·鲁道夫·托尔贝克(1798—1872)的故乡而出名。托尔贝克被视作 1848 年民主立宪改革的精神领袖。

欧弗艾瑟尔省特文特(Twente)运河流域以纺织业闻名，在 1950 年，该行业雇用人数占全省工作人口的 30%。但纺织业于 20 世纪 70 年代走向萧条，随后基础行业转为金属、化工、橡胶和肉类加工。亨厄洛(Hengelo)和恩斯赫德(Enschede)两城及周边区域是荷兰重要工业中心之一。成立于 1961 年的特文特理工大学位于恩斯赫德，是荷兰最年轻的高等学府之一。虽然以理工科为主，但学校要求学生所学课程中有 10%为人文学科。

### 北布拉邦

北布拉邦(荷语为：Noord-Brabant)的省会为斯海尔托亨博斯('s-Hertogenbosch)。该省原先为天主教比利时的领土，因此就如林堡省

一样,在20世纪60年代中后期仍有90%人口信仰天主教。嘉年华庆 23
典是该省和邻省林堡一年一度的盛大高潮。其名为北布拉邦,是因为它分离自原先的布拉邦省,原布拉邦的余下部分如今仍是比利时的布拉邦省。比利时布拉邦省又称佛兰德斯(荷兰语: Vlaams)·布拉邦,省会是布鲁塞尔。

跨国电子巨擘飞利浦总部曾在埃因霍温,但现已搬到阿姆斯特丹——属兰德斯塔德都会区。荷兰铁路公司用一只灯泡来做埃因霍温之旅的广告宣传图,而真正适合用灯泡标示的阿姆斯特丹则用红灯泡表示。每个见到这张海报的人都能理解其意,虽然荷兰不再是飞利浦的灯泡产地。灯泡生产转移到了波兰,因为那里的劳动力成本更低廉。

荷兰式"迪士尼乐园"伊弗特林位于该省卡兹赫乌维尔(Kaatsheuvel)镇。伊弗特林起初是一座童话乐园,以安东·皮克(1895—1987)的艺术创作为基础,现已发展为一家大型娱乐园。在欧洲,只有巴黎迪士尼乐园的规模比它大。

## 北/南荷兰

北荷兰(荷语为 Noord-Holland)的省会是哈勒姆,纽约哈勒姆区即以该城命名。这是全国人口第二密集的省份,每平方公里居住人数为928。南荷兰(荷语为 Zuid-Holland)的省会为海牙,是人口最稠密的省份,每平方公里居住人数为1 166。这两个省加在一起构成了兰德斯塔德都会区的主体,其中有国家首都、政府和吸引游客的大部分城市。阿姆斯特丹、阿尔克马尔(Alkmaar)的奶酪集市和斯希普霍尔国际机场都在北荷兰省。迷你城马都拉丹①、豪达(Gouda,豪达奶酪的产地,只有荷兰人才能准确发音)和鹿特丹都在南荷兰省。

在法国统治时期(1795—1813)以前,这两个省还没有分离。作为

① 位于海牙城内的迷你城,是1∶25的荷兰小镇模型,有标志性的荷兰建筑和路标。——译者注

单一的政治力量，荷兰省是荷兰扩张运动的背后推动者。沉默威廉(1533—1584)也以此为根据地，领导反抗西班牙统治的独立斗争。在黄金时代，这里是政治、艺术、文化和教育中心。正因为荷兰省在七省联合共和国[1]的事务中居领导地位，荷兰这一名称才会和尼德兰混同。这是个用最重要的部分来代表整体的实例。

24 广播电视中枢希尔弗瑟姆位于北荷兰省。所有国有、非商业性的广播频道节目均在此播送。荷兰短波之声、尼德兰国际广播电台也设在此地。商业性的荷兰语电视节目则从卢森堡播送过来。

## 乌特勒支

乌特勒支省位于荷兰的中心地带，省会为乌特勒支市。与南、北荷兰省一样，它是兰德斯塔德都会区的一部分。其人口稠密度排第三，每平方公里居住人数为789。排第四位的林堡省与乌特勒支差距很大，每平方公里居住人口数仅有523。

## 西兰

西兰的省会是米德堡(Middelburg)，人口密集度排全国倒数第四位，每平方公里居住人数为205。它位于与比利时相邻的荷兰西南角，其知名度来自明媚的阳光，是荷兰最晴朗的地区和疗养胜地；此外也是重要农业产区，其马铃薯、洋葱和甜菜都广为人知。荷兰的孩子会在学校中学到西兰省与三角洲防洪工程的关联。

发现太平洋中的新西兰的荷兰探险家就来自这个省，他们用家乡的名称命名了这个岛屿。同理，澳大利亚也曾被称为新荷兰。

重要的国际水路斯海尔德河从西向东横穿该省的中部。船只通过斯海尔德河驶向安特卫普港、根特港、泰尔讷普港和弗利辛恩港。斯海尔德河以南到比利时边境的所有地区称为西兰-佛兰德斯(Zeeuws-Vlaanderen，属于泽兰的佛兰德斯地区)。另一边属于比利时的省份则

---

① 即前文中的“尼德兰联合共和国”，全称为“尼德兰七省联合共和国”。——译者注

简单地被叫作佛兰德斯(Vlaanderen)。

西兰到荷兰北部的铁路和公路交通很差,这意味着改道比利时前往西兰—佛兰德斯往往比等渡船更快。现已计划在21世纪初期修建一条隧道[①],横穿斯海尔德河底。

① 已在2003年3月14日开通,称为西斯海尔德隧道,全长6.6公里。——译者注

25 # 第二章　经　　济

## 汇率

荷兰货币单位原为荷兰盾。1999 年的官方汇率大约为 2 荷兰盾兑 1 美元，即 *f* 2∶\$1。*f* 为荷兰货币符号，这写意的“*f*”字母代表**弗罗林币**(*florijn*)。荷兰纸币上有凸版印刷的标识，令盲人也可“读”出每张纸钞的面值。视力健全的人从纸币的不同颜色就可分辨出其金额。2002 年，荷兰盾被欧洲统一货币欧元所取代，符号为€。1998 年 12 月 31 日，欧盟委员会将欧元兑荷兰盾的汇率锁定为€1∶*f* 2.203 71 ①。

## 巨无霸汇率

理论上，汇率取决于每种货币购买同样商品和服务所需金额的比率，可事实不然。最好的例证就是巨无霸汇率。无论在世界哪个地方，都找不出比麦当劳食品更具一致性的东西了，若理论正确，巨无霸套餐
26 的真实价格在荷兰和美国应该一样。美国印第安纳州的价格是 3.19 美元加 16 美分的税金，根据 *f* 2∶\$1 的汇率，相当于 6.70 荷兰盾。但

① 2002 年 1 月 28 日起荷兰盾全面停止使用。其中，纸币 1999 年就停止流通，2002 年硬币停止流通，均被欧元取代。由于本书成书于 1999 年前，因此书中多处数据仍以荷兰盾为单元，现尊重书原貌加以保留，读者可以 1∶2.203 71 的汇率试换算为欧元。——译者注

在荷兰,同样的巨无霸套餐要 9.95 荷兰盾,含税,但蘸薯条的番茄酱要另加 50 荷兰分,于是荷兰的价格为 10.45 荷兰盾,按汇率等于 5.23 美元。若要让巨无霸套餐在两国完全等价,则汇率需大致等于 ƒ3 : $1。

## 最低工资

荷兰最低工资不止一个标准,根据不同的年龄标准也不同。最低工资从 15 岁开始设起,这也是法定最低工作年龄,每加 1 岁,相应的最低工资也有所增加,直到 23 岁,之后就没有差别。截至 1999 年,最低工资额的最后一次提升是在 1996 年。举例来说,15 岁从业者的最低工资为每周 152.60 荷兰盾(76.30 美元)。根据荷兰人一周 38 小时的工作时间来算,相当于每小时 4.02 荷兰盾(2.01 美元)。23 岁从业者的最低工资为每周 508.00 荷兰盾(254.00 美元),按一周 38 小时工作制,即每小时 13.37 荷兰盾(6.69 美元)。不过还要减去税金和缴纳金,实际收入为每周 384.00 荷兰盾(192.00 美元),或者说每小时 10.11 荷兰盾(5.06 美元)。15 岁从业者的税金和缴纳金是最低额,每周仅 1.60 荷兰盾(0.80 美元)。

不过并不能单纯依照官方汇率比较美国与荷兰的最低工资额,真正的对比体现在实际购买力上。拿最低工资的 23 岁荷兰人(每小时 13.37 荷兰盾)需工作 46.9 分钟(不扣除税金和缴纳金)才能购买一份巨无霸套餐(10.45 荷兰盾)。在美国,赚最低工资的工人(每小时 5.15 美元)只需工作 39.03 分钟就能买同样的套餐(3.35 美元)。若用巨无霸汇率(ƒ3 : $1)来计算,每小时 13.37 荷兰盾的最低工资事实上要低于美国的最低工资额,实际相当于每小时 4.46 美元,而非用官方汇率(ƒ2 : $1)算出的 6.68 美元。

## 银行卡

荷兰是银行卡(借记卡或信用卡)[①]普及率最高的欧洲国家,91%

① plastic money,一般仅指信用卡而不包括借记卡,此处作者用它来指代两种卡片,因此译作“银行卡”。——译者注

的荷兰人拥有两者之一。排第二的德国仅为57%(1996)。

## 27 国内生产总值

20世纪90年代,荷兰经济年增长率有2.5%,略高于欧盟平均增长速度。1997年其国内生产总值(GDP)为7 060亿荷兰盾,比1991年的5 425.7亿增加1 634.3亿,比1996年的6 676亿增加384亿,人均为大约45 572荷兰盾。

人均可支配收入也在增长。1991年是40 500荷兰盾,至1994年增长了10%以上,达44 200荷兰盾。在1996年,双份收入的四口之家可支配收入的众数为65 000荷兰盾,全国家庭可支配收入的众数为34 870荷兰盾(税前为52 000荷兰盾)。

## 个人财富

1995年初,所有荷兰家庭的财产总价值为12 300亿荷兰盾,减去3 500亿的总负债(大部分为银行贷款),合8 800亿荷兰盾。这包括全部的私有房产,总价值7 000亿荷兰盾,占家庭财产总额(未扣除负债)的57%。单套房价平均为271 000荷兰盾(1997)。财产总额超过100万荷兰盾的家庭有116 000户,这些家庭持有股票的价值平均为230 000荷兰盾(1995)。

## 证券交易

阿姆斯特丹证券交易所(AEX)是世界上历史最悠久的股票市场,成立于17世纪早期。其规模为全球第九,所有上市股票总价值超过1万亿荷兰盾。其历史中最辉煌的时期是1997年,AEX指数(指数反映的是成交量最大的25只股票的价格)以913.67荷兰盾收盘,全年增长41%。这比过去14年间的股市的平均增长率(19%)高了1倍还不止。1995年和1996年也是AEX的牛市年,分别增长了17%和30%。

## 通货膨胀

若以 1980 年为基准,1997 年的物价指数为 149.5。即购买同样商
品的情况下,1997 年比 1980 年贵 149.5%。20 世纪 80 年代的通货膨 28
胀率维持在 2.0%～3.2%之间。1997 年的消费物价指数上升了 2.25%。

## 公债

1997 年的公债(预算赤字)额仅占国内生产总值的 2.4%,满足加入欧元区不可超过 3%的条约限制。这一限制,同当时的欧洲中央银行主席、荷兰人威廉·德伊森贝赫的态度和理念一样,反映了欧元区财政规范的严密程度。欧洲央行设定的财政政策将影响到欧洲经济与货币联盟的每个成员国。

## 税收

1994 年国民收入中的 5 220 亿荷兰盾、即 53%用于缴纳税金和社保金。所得税设多个级别,随着收入增加而提高。1986 年,所得税最低额为 16%,最高额为 72%。1985 年的政府财政收入有 37%来自所得税;1998 年所得税最低额为 36.5%,最高为 60%,在这一设定下,所得税仅占财政收入 25%不到。

荷兰还设有 0.7%的财产税,其征税对象为个人净资产。佛罗里达州也有类似的税种,但税率为 0.1%(财产不超过 20 万美元)和 0.2%(20 万美元以上)。

在欧盟的压力下,荷兰从 1969 年开始征收增值税(Belasting op de Toegevoegde Waarde, BTW)。这是由最终消费者承担的税种,其征税对象为商品和服务在每一生产环节所增加的价值。BTW 基本税率为 17.5%。特定的必需品和必要服务仅为 5%,例如食品、无酒精饮料、药品、报纸、修鞋和客运。出口商品、医疗、文化和教育服务可免除此税。BTW 占政府财政收入的四分之一多。

## 住房

二战中,超过 25%、总计 200 万个单元的荷兰住宅被毁。此后住
房短缺一直是迫切的问题,直到 20 世纪 50 年代一项住宅建设提速计
29 划启动。1948—1985 年间新添近 400 万个住房单元,使总数达到
5 384 100。至 1996 年,又有将近 100 万个单元建成,使总住房单元数
增至 6 282 500。这相当于每 1 000 居住者有 405 个住房单元。其中
49%(3 066 600)为私有住房。租用房中,75%(2 387 350)为国有,仅
25%(816 725)为私有。

1985 年,私有房均价为 112 510 荷兰盾。至 1997 年,这一价格上升了一倍多,达 271 000 荷兰盾。以 7.1%的按揭率计算,每月按揭款为 1 821 荷兰盾。相比之下,1996 年的平均月房租为 625 荷兰盾。荷兰住房建设受政府调控。政府根据预估来确定每年计划建房数量,并分配一定的住房建设额度给各个市政府,由他们负责实际建设工作。所有预算超过一定额度的建筑工程均需中央政府的批准。

荷兰最昂贵的住宅区在北荷兰省的布卢门达尔(Bloemendaal),平均房价为每套 457 000 荷兰盾。其次是"荷兰好莱坞"拉伦(Laren),为 402 000 荷兰盾。最便宜的地方在格罗宁根省的雷德兰(Reiderland),平均房价为 86 000 荷兰盾。弗里斯兰省吕伐登市紧随其后,为 87 000 荷兰盾(1997)。荷兰所有住房的总价值估计为 1.6 万亿荷兰盾。

## 工业

荷兰自然资源较少,经济在很大程度上依靠进出口服务业。该国毗邻海洋,位于三条欧洲主航道所构成的三角洲地带,这一地理位置是荷兰古往今来从事贸易的根本保障,也是荷兰在 17 世纪黄金时代中成为世界主要强国之一的原因。

因为依赖国际贸易,荷兰经济受他们无法控制的国外事务所影响,例如汇率波动和贸易伙伴国的经济发展状况。这是荷兰强烈支持欧洲经济联盟成立的原因之一。

服务业是该国经济的重要部分。银行、贸易、船舶交易代理、炼油、物流、仓储和呼叫中心服务都对经济有重大影响。会多种语言、技术娴熟的劳动力群体令荷兰吸引全球化企业前来获取这些服务。

美国独立战争期间以及战争结束后，荷兰各银行的贷款为新共和 30
国的存续给予了帮助。1995 年，荷兰国际集团（ING）收购了因证券交易丑闻倒闭的英国巴林银行[1]。ING 还拥有波兰零售及商业银行集团希隆斯克银行集团（Slaski, SA）。在美国，ING 收购了纽约的弗曼·塞尔兹投资银行（Furman Selz Investment Bank）和人寿保险提供商艾奥瓦公平公司（Equitable of Iowa）。该银行在 50 多个国家设有分行，在 60 多家股票、期货和商品交易所中占有席位。

荷兰皇家壳牌/壳牌集团是世界最大的公开招股公司。它在委内瑞拉近海的库拉索岛拥有并运营着世界最大的炼油厂，在鹿特丹郊区拥有欧洲最大的佩尔尼斯（Pernis）炼油厂。该公司还涉足石油化工、煤炭和金属行业，1997 年总收入为 1 281.55 亿美元。

荷兰化学品生产集中于鹿特丹和阿姆斯特丹两港，离炼油厂不远，林堡南部和西兰也有。化学工业消耗的石油平均占全国的 25%。

总部在特文特的阿克苏—诺贝尔是一家跨国企业，生产保健品、涂料、化工品和纤维，有职员 69 000 人左右，遍布 60 多个国家。1997 年总收入为 120.5 亿美元。

艾默伊登的霍高文公司[2]是世界最大的钢铁生产企业之一，年产大约 600 万吨钢和 35 万吨铝，在世界各地有职员 23 000 名。1996 年总收入为 39 亿美元。

荷兰不少消费品生产集团也是全球市场翘楚。飞利浦是世界最大的电子企业之一，其产品线涵盖 CD 播放器、灯泡、医疗系统和半导体。

---

① 巴林银行成立于 1762 年，曾是世界上最大也最可靠的银行，在倒闭前还是英国最老的银行。不过在 1995 年，因一名新加坡交易员尼克·李森的在日经指数期货上的“非交易性失误”，这家管理存在严重问题的银行就资不抵债，最终被 ING 以 1 英镑的象征性价格收购。——译者注

② 1999 年已和英国钢铁公司合并为 Corus 钢铁公司。——译者注

飞利浦雇员人数为 267 200，遍布 60 多个国家。1997 年总收入为 392 亿美元。

联合利华是荷兰—英国合资的消费品生产集团，在 160 多个国家销售食品、日用品和个人护理产品，拥有 1 000 多个品牌，包括耳熟能详的鸡肉晚宴(Chicken Tonight，西式酱料)、劳伦(Lawry's，西式调味料)、立顿、拉古(Ragu，通心粉酱)、鸟眼(Birds Eye，冷冻食品，有海鲜、肉类和蔬菜)、梦龙(Magnum)、可龙(Klondike，冰激凌)、我不信这不是黄油(I Can't Believe It's Not Butter，黄油)、力士和多芬。1997 年总收入为 487.21 亿美元。

阿尔贝特·海因连锁超市拥有 3 000 多家分店，遍布世界各地，包括荷兰、葡萄牙、捷克共和国、波兰、东南亚、巴西和美国。美国阿
31 尔贝特·海因在东海岸地区超市业中居领先地位，大约有 900 家店铺，分布于 14 个州。在美国，该公司不用阿尔贝特·海因的招牌，而称 BI-LO、巨人(Giant)、停车购物(Stop & Shop)和顶级市场(Tops Markets)。

## 旅游业

游客一年在荷兰消费大约 420 亿荷兰盾(1997)，使旅游业成为该国十分重要的经济组成部分，有将近 30 万人从事该行业的工作。阿姆斯特丹是游客数量排第四的欧洲城市。具体而言，1997 年，有 630 万人次在阿姆斯特丹逗留过夜，相比之下，伦敦为 4 750 万，巴黎为 1 800 万，罗马为 930 万。

## 农业

荷兰农产品出口占全国出口的 20%，所以农业对经济相当重要。荷兰是全世界农业最高效的国家之一，但过度使用肥料带来了污染，例如家畜粪便所造成的磷酸盐污染。美国人刚刚才意识到这一问题，而荷兰人从 20 世纪 80 年代起就竭力寻求解决，不过仍没有找到方法。荷兰人用典型的荷兰式方法来处理这一政治上的敏感问题：设下仿佛

无穷无尽的制度规范，带来烦冗的审批和文书流程。

荷兰大部分地区地势很低，所以土地潮湿，仅适合用作放牧，这就是乳牧业如此发达的原因。荷兰城镇豪达及埃丹(Edam)皆因当地特产的奶酪闻名世界。

科学技术的进步提高了荷兰农业生产力，同时减少了农业人口。每公顷产量有了惊人的增长。1970 年，冬季小麦的收成仅每公顷 4 500 千克，1992 年几乎翻了一番，达每公顷 8 100 千克。

在 19 世纪 70 年代，荷兰农夫要面临“廉价”进口食品的竞争，这些竞争主要来自新大陆。于是他们开始从传统商品作物转向能出口获利的“高价值”作物。

西部地区出现了数千个暖房，北至海牙、鹿特丹，南至荷兰角(Hook of Holland)，形成一片玻璃的虚拟之海。在这些暖房中，农夫们种植反季节的蔬菜和花卉，用于出口或内销。

郁金香是荷兰经济的重要部分。荷兰是全球最大的郁金香、鸢尾、 32
水仙和风信子出口国，所培育的球根花卉占世界总量 65%左右。其花业中心靠近利瑟(Lisse)，那里盛开的郁金香组成一望无际的田野，每年春季吸引成千上万的游客；郁金香批发拍卖的举办地阿尔斯梅尔(Aalsmeer)也在该地。

虽然郁金香是荷兰的国花，但最早源自土耳其。其名“tulip”是土耳其语中指“头巾”的词汇，因为郁金香花朵的形状就像头巾。郁金香在 16 世纪传入欧洲。奥地利使节在土耳其见到这种花，把一些球茎带回维也纳，被一位在奥地利宫廷的荷兰园艺家引入荷兰。

## 主要出口品

1995 年，荷兰出口到英美的成熟花卉价值分别为 3.7 亿、1.17 亿荷兰盾。每年出口花卉球约 70 亿个，其中约 10 亿个出口到美国。

荷兰是世界最大的奶酪、黄油和奶粉出口国，有超过一半的牛奶被制成了奶酪。1997 年奶酪总产量为 69 万吨，其中 52 万吨用于出口。

荷兰还是世界最大的啤酒出口国，最大的啤酒酿造公司是喜力(Heineken)，世界规模第二，仅次于安豪泽-布施[1](Anheuser-Busc)。喜力啤酒出口到170个国家，并在50个国家拥有酿造厂。1996年喜力总收入为675万美元，在世界各地有职员32 000人。

荷兰是美国的第三大投资国，投资额达670亿美元，雇用了323 000名美国人。在美国的大型荷兰投资商有：荷兰皇家壳牌、阿克苏—诺贝尔、联合利华、飞利浦电子、宝丽金、阿尔贝特·海因、奥西(OCE)、ASML、里德·爱思唯尔、海德密杨(Heidemij)、全球保险(AEGON)、荷兰银行、荷兰合作银行(Rabobank)和ING银行等。

1992—1996年间，荷兰在加拿大的投资额增长了63%，达73.5亿加币(约合100亿荷兰盾)，成为加拿大的第三大投资国，位列美国和英国之后。加拿大的税率、劳动力成本及房价均较低，同时有类似欧洲的氛围，所以吸引了荷兰。北美自由贸易协定也令荷兰人能通过加拿大
33 自由进入美国市场。大型荷兰投资商有：联合利华、加拿大壳牌(加拿大第七大公司)、ING银行和吉斯特-布罗卡德斯(Gist-Brocades，生物制药)等。

## 劳动力

每周38小时工作制始于1985年。为便于统计，荷兰视一周30小时以上的工作为全职。自由职业、兼职和变动工作制职位正在增多。1996年，临时工占受雇用人数的12%，兼职者占38%，不过永久固定的雇员仍为受雇用人口的主体，占58%。根据法律，带薪休假一年不得少于15天，但通常会有23天。

## 失业

荷兰就业人口数大约为670万。20世纪的70年代和80年代是

① 2008年7月14日，该公司被比利时啤酒公司英博收购，新公司名为安海斯-布希英博。——译者注

荷兰及所有工业化国家的经济衰退期,1973 年和 1979 年的两次石油危机显然是造成衰退的因素之一。1963—1972 年,工业化国家的 GDP 年均增长为 4.7%,而此后 10 年降到 2.5%,通货膨胀却从 4.2%上升到 7.5%。G7(七大工业化国家)的产量增长在 1974—1975 年间和 1979—1982 年间分别创下新低,而失业率则在上升。

20 世纪 80 年代是荷兰失业率激增的 10 年。劳动人口失业率在 1970 年为 1.2%,1980 年增加到 6.5%,至 80 年代中期达到顶峰,1986 年为 13%;此后开始以每月 3 000 人左右的速度回落,至 1992 年降到了 312 000 人;同年又再度以大约每月 10 000 人的速度增加,至 1994 年初达 9.9%,勉强低于欧盟该年度的平均值 10.7%;此后又以每月大约 2 000 人的速度回落,1997 年以更快的速度减少,大约每月 8 000 人,至年末降为 375 000(占劳动人口的 5.6%),比 1996 年减少了 65 000 人。

不过,这些数字不能反映荷兰失业状况的整体现实。失业人数减少部分是因为申请失业保险的新增失业者减少,而非获得工作的人数 34
增加。在荷兰,一次被裁往往意味着终身失业。若用更宽泛的方式界定,将《残疾救济法案》(WAO)和《提前退休制》(VUT)所涵盖的人口计算在内,则失业率一直保持在 20 世纪 80 年代中期的水平。80 年代最易失业的群体——妇女和青年——已不再是中央劳动局操心的焦点,他们的位置被 40 岁以上的劳动人口所取代。年龄歧视在荷兰十分普遍,超过 40 岁的人若丢掉工作就很难再就业。

## 工会

领固定工资的职员中大约 25%参加工会。荷兰有三大工会:荷兰工会联盟(Federatie van Nederlandse Vakverenigingen)、全国工会基督联盟(Christelijk Nationaal Vakverbond)和中高级经理工会中心(Vakcentrale voor Middelbaar en Hoger Personeel)。荷兰是个力求和谐的社会,因此劳动者领袖会设法避免用罢工来对付管理层,使该国成为欧盟罢工天数最少的国家之一。

# 35 第三章　政　　体

荷兰王国为君主立宪制国家。王室是奥伦治-拿骚家族，其谱系可追溯至奥伦治的威廉亲王(1533—1584)，他后来成为尼德兰首任执政王威廉一世，人称“沉默威廉”。王位的传承为世袭，交给统治家族最年长的直系后代，无论男女。目前的君主是贝娅特丽克丝女王(1938—　)。她的儿子王储威廉·亚历山大[①](1967—　)显然将继承其位。

行政权由君主和内阁共同掌握。内阁大臣名单由下议院(即二院)中占有多数席位的政党或政党联合指定。不过大臣不可兼任议会成员和内阁成员，任何获得大臣职位的人，若同时被选为议会成员则必须放弃其议席。

枢密院成立于1532年，为执政王提供建议。执政王任命枢密院成员并担任枢密院主席，但负责枢密院日常运营的是副主席。枢密院成员最多为28名，任期为终身，至70岁退休。当王储年满18周岁，即会
36 成为枢密院一员。枢密院通常为咨询顾问性质的机构，在所有立法提案提交到议会前加以斟酌，但施行君主命令时拥有执行权，对政府中的

---

① 2013年4月13日，贝娅特丽克丝女王宣布退位，将王位传给威廉·亚历山大。——译者注

争议事项进行裁决时则有司法权。

荷兰议会称为总议会(Staten-Generaal),为两院制。一院有成员75名,由省议会六年一次的选举产生。二院有成员150名,按比例代表制[①]以普选选出,每四年举行一次。候选人的最低年龄要求第二院为21岁,一院为25岁。但最低投票年龄是18岁。

荷兰选举权不限于本国公民。合法居住的外国居民,就算不是公民,也能在地方性选举中投票。1981年、1982年和1986年,均有超过80%的选民参加投票。不过近来,投票参与率降得很低,政治家不得不考虑恢复于1970年废除的义务投票制,这仍是邻国比利时的法定投票制度。1998年议会选举的参与率为73.2%。下跌的部分原因是当时良好的经济态势,始于1997年选举中重获领导权的联合政府所推行的政策。投票人颇为满意,不觉得确实需要通过选举来改变现任政府。

只有君主、政府(内阁)以及二院有权进行立法提案。一院无法修改法律或立法,只能通过或否决由二院所动议的法律。二院还起草预算,并有权质疑内阁大臣。

君主为所有总议会通过的法案签字,但这些法案必须获相关部门的大臣签字才能成为法律。若君王因某些原因不签署总议会所通过的法案,则当届政府倒台,必须成立新政府。若政府失去总议会的多数支持也会倒台。自二战以来,只有五届内阁执满四年任期。

每年9月的第三个星期二,君主会在王座上发表演说,概述政府在下一年中的施政计划,以此拉开新一届总议会的序幕。

荷兰选举系统下,每个政治党派都会获得与其候选人所获票数成比例的议席。用总票数除以总议席数(若是二院则为一百五十席),其结果就是每个席位所需票数。每个政党所获总票数除以每个席位所需票数,就是该政党获得的席数。若某党没有获得一个议席所需票数则连一个席位都得不到。 37

① 选民只能从候选人名单中选择投票对象,获得相应比例选票数的候选人当选。——译者注

至于由谁成为议员则经党内决定。政党按党内地位列出候选人并排序，该党在选举中赢得的议席即按此排位分配给这些候选人。因此，投票的选择在于投哪个党派，而不是哪位候选人。

二院选举完成或内阁倒台之后，君主要任命**组阁者**组建新政府。若**组阁者**无法创建新政府，则任命另一**组阁者**，如有必要须反复重新任命，直到政府内阁成功组建。例如，荷兰工党(Partij van de Arbeid, PvdA)在 1977 年选举中赢得多数席位，一位该党成员被指名担任**组阁者**，但 PvdA 没能组成内阁。于是基督教民主联盟(Christen-Democratisch Appel, CDA)的政党联合取而代之，成立了新的政府。

## 政党

荷兰有许多政治党派，1994 年在二院中获得席位的政党有 12 个，1998 年参选争夺席位的党派有 22 个，但只有 9 个获得至少一个席位。不过参选党派最多的是 1933 年的议会选举，共 54 个。

因宗教信仰不同而产生的**柱群化**(pillarization，荷兰语：*Verzuiling*)是形成大量党派的原因之一，但现在按保守/自由程度的不同所产生的政治柱群化是普遍趋势。若没有政党能独立保有总议会二院的多数席位，执政内阁即由多个政党联合组成，该联合的总席位须在二院中占多数。1998 年议会选举出的联合执政内阁中，PvdA 有 45 席、自由民主人民党(Volkspartij voor Vrijheid en Democratic,
38 VVD)有 39 席、六六民主党(Democraten '66, D'66)有 14 席。三党共有第二院 150 席中的 98 席(占 65%)，足以通过法案、实行政党联合的政策。

VVD 是欧洲意义(而非美国意义)上的自由党派。该党提倡商业自由、政教分离以及个人自由，其自由主义基调源于 1848 年为荷兰议会民主制打下了基石的君主立宪改革。总体而言，该党是荷兰最为保守的党派。

CDA 支持民主政治和折中的社会政策，早先为三个独立宗教政党，一个是天主教的、两个是新教的。这三个宗教党派的起源可追溯至始于19世纪、延续到20世纪，占据荷兰政治舞台中心的一场政治纷争，其主题为教育拨款政策的偏向。最终，1917年宪法修正案确定了公立（世俗）和私立（宗教）学校平等获取国家拨款的权利。

20世纪70年代成员最多的宗教政党是天主教人民党（Katholieke Volkspartij, KVP）。1977年，该党和基督教历史同盟（Christelijk-Historische Unie）、反对革命党（Anti-Revolutionaire Partij）组成了CDA，以对抗PvdA在1972年所赢得的领导地位。PvdA在1977年赢得了较多席位但无法组阁，所以被CDA取代。

CDA的执政地位延续到了1994年，此后被社会民主和自由联盟（PvdA、D’66和VVD联合）所取代，它们在议会150席中占有92席（占61%）。这一新内阁被称为“**紫色**内阁”，因为紫色是PvdA（红）和VVD（蓝）的混合色。在这次选举中，绿左党（下文进一步介绍）发挥了重要作用，阻碍了VVD和CDA的联合，于是VVD被迫与PvdA联合成立政府。

CDA支持商业自由，其原则之一为政府应支持而非取代私营经济。在政治立场上，CDA处于VVD的个人至上主义和PvdA的政府至上主义之间。

PvdA属于欧洲社会民主党派（左翼），成立于1946年，当时关注
于荷兰社会战后重建，尤其是建立福利制度的问题。该党现在主要顺 39
应国家利益，并不严格坚持社会主义原则。

D’66是第四大党。20世纪60年代，其他主要党派及其党纪的腐坏所引发的民众逐渐高涨的不满是该党出现的契机。自1966年成立以来，其政治历程经历了很大的起落，1994年选举中获第二院24席，比过去20年间的平均席数多了一倍；1998年的第二院席数又跌落至14。政治立场上，D’66为左翼党派，大约处于CDA和PvdA之间。该党奉行亲欧纲领，支持民族和谐与宗教和谐。来自城市的年轻从业者是其最强有力的支持。

绿左党（Groen Links）为荷兰最大的左翼联盟。该党由荷兰共产

党(Communistische Partij Nederland)、福音人民党(Evangelische Volkspartij)、政治激进党(Politieke Partij Radikalen, PPR)及和平社会主义党(Pacifistisch Socialistische Partij)联合组成。

老人联盟党(Algemeen Ouderen Verbond, AOV)的出现反映了荷兰人口构成的变迁。动荡的20世纪60年代制造婴儿潮的人到90年代成为牢骚满腹的老人。1996年,荷兰人口的22.8%不小于55岁,这一人口区间对政治的不满源自遍布荷兰的年龄歧视(详情请见第十二章)。在1994年议会选举中,AOV赢得的席位(6席)甚至多过绿左党(5席)。1997年,AOV同另一个老年人党派、在第二院中仅有1席的55+联盟(Unie 55+)联合。不过1998年选举中,AOV没有在第二院赢得席位。

## 省政府

荷兰分12个省区,每省由省议会(Provinciale Staten)、省执行委员会和一名女王行政长官管辖。省议会由四年一届的直选选出,议员数量依该省居民人口决定,省议会进一步选出该省在第一院中的代表人。

40 女王行政长官由女王任命,同时担任省议会和省执行委员会主席。执行委员会负责政府和省区的日常运营,成员有6～8名,皆从省议会成员中选出。和美国一样,中央政府正在将更多的权力移交给省和市当局,因为人们觉得地方当局对地方问题的理解更深入。不过因为地方上的政策执行产生了一些问题,在分权的同时也存在集权的倾向。目前,这一集权倾向只是权宜之计,但也预示着政策方向将发生改变。

## 市政府

12省区进一步划分为647个**市政区**(*gemeenten*)。它们由当地议会管理,成员由普选产生,四年一届。与总议会选举不同,在荷兰生活5年以上但并非公民的外国人可以在市政选举中投票。和省区一样,市政府的日常运营由执行委员会(Executive Board)负责,成员为2～6

名，从市议员中选出。市议会和执行委员会均由君主任命的**市长**(*Burgemeester*)领导。

由于人口密度极高，市政规划在荷兰尤为必要。市政当局为一切事项作计划，审批所有建筑工程提案，在市区拥有相当大的权限。

## 司法体系

荷兰司法系统大体上是罗马法和拿破仑法的结合，不存在陪审团制度。独立法官听审所有的案件，除渎职或失职外不能被撤职，但必须在70岁退休。

市法院共有62家，大多仅有一名法官。它们处理小的刑事案件和涉及金额不高于500荷兰盾的民事案件。其上有19家地区法院，市法院无法受理的民事和刑事案件首先交由这些法院审理。还有5家上诉法院，对上述低级法院所审案件提出的上诉进行复审。

尼德兰最高法院(Hoge Raad)旨在确保法律的执行一以贯之，并
复查低级法院作出的判决，但不能像美国最高法院那样宣布法律违宪。 41

荷兰人不像美国人那样喜欢打官司，不像美国人那样为真实或虚假的损害事件相互起诉，而有个人责任保险政策为荷兰人支付赔偿金。决定谁获得赔偿、获得多少的是保险公司而非法院。若保险公司无法解决，还有调解官办公室(ombudsman's office)。另外，作为法院的补充，有一套由贸易和消费团体提供保障、具有约束力的仲裁系统。他们处理的违约案件在美国会作为民事案由法院审理。荷兰在1870年废除了死刑。

## 加入的国际组织

荷兰是联合国首批成员国之一，还加入了北大西洋公约组织(NATO)、欧盟、世界贸易组织(WTO)(其前身为关税和贸易总协定)、海洋法公约、经济合作与发展组织(OECD)、欧洲复兴开发银行和国际货币基金组织(IMF)。荷兰是国际法院、美伊法庭、前南国际刑事法庭和禁止化学武器组织的所在地。

## 42 对外援助

1975年，荷兰成为第二个实现将国民生产总值至少0.7%投入官方发展援助的国家（瑞典是第一个）。现在，荷兰是第四大对外援助国，国民生产总值有大约1%用于外援。大量援助资金通过多边组织（如联合国开发计划署、国际开发协会和欧盟）拨出，而非直接给予受惠国。荷兰所提供的外援中有很多由私人组织而非政府控制。在这些“联合融资”项目中，私人捐赠组织对于项目选择有几乎完全的自主权。

根据OECD统计，荷兰在1995年拨出的发展援助资金总计约40亿美元，那一年的援助侧重点是环境、女性参与发展、减轻城市贫困和科研。

# 第四章　社　　会 43

## 人口

荷兰从 1829 年开始每十年进行一次人口普查，不过最近的一次官方普查在 1971 年，而且进行过程中收到不少隐私遭侵犯的抗议。1971 年普查后的人口统计是根据民政记录所做的推测，虽然荷兰要求公民去市政府登记注册，但荷兰统计学家认为人口数据有缺陷，若个人隐私问题能够解决，更希望进行真正的普查。下面的人口数据表现了荷兰在 20 世纪急速的人口增长，自 1900 年起已增加到了三倍。

| | | | |
|---|---|---|---|
| 1900 | 5 104 000 | 1960 | 11 417 000 |
| 1910 | 5 858 000 | 1970 | 12 958 000 |
| 1920 | 6 831 000 | 1980 | 14 209 000 |
| 1930 | 7 832 000 | 1990 | 14 893 000 |
| 1940 | 8 834 000 | 1996 | 15 494 000 |
| 1950 | 10 027 000 | | |

荷兰是世界上人口密度最高的国家，1996 年每平方公里有 373 人 44
居住。若把水域面积排除在外，则人口密度达 456 人每平方公里（日本的平均人口密度只有每平方公里 334 人）。在 15 494 000 的总人口中，

7 662 000 为男性，占 49.5%；7 832 000 为女性，占 50.5%。男性平均预期寿命是 74.8 岁，女性是 80.7 岁(1997)。

### 年龄结构

荷兰人口结构的变化趋势与美国极为相似，老龄人口增长速度比年轻人口更快，因为更多女性获得了更好的教育，从而进入劳动力市场，更晚组建家庭也更少生育。可是在**有色外来**人口中见不到这一趋势，该群体中无业母亲和多子女家庭仍属寻常。65 岁以上人口占人口总数的 13%，19 岁以下的占 25%。不过据推测，至 2050 年，65 岁以上人口将占到 21%，而 19 岁以下人口将仅占 22%。

### 民族构成

荷兰本国人皆属同一民族，是过去居住在这一地区的日耳曼部落后代。不过，荷兰帝国的崩溃和 20 世纪 60 年代的经济大发展，使该国民族构成发生了变化。

1949 年印度尼西亚独立后，有大约 30 万人被遣送或主动移民到荷兰。1975 年苏里南独立后，又有 13 万人加入其中。20 世纪 60 年代、70 年代的经济大发展和对非技术工人的需求，同样对非荷兰族居民的增长起了作用。土耳其人和摩洛哥人到那里填补劳动力市场的空缺，有许多人就留了下来。

近来，寻求庇护者被荷兰的自由社会主义福利所吸引，形成一股移民潮。民族环境因之改变，正考验着荷兰被人称道的宽容能力。20 世纪 90 年代中期，荷兰人立下了新的、更严格的庇护许可和居住权批准
45 规范，令避难者的数量在 1995 年和 1996 年得以减少，1996 年降至 23 000 人。该年度荷兰的 725 400 名外国居民中：

- 282 300 名来自苏里南
- 154 300 名为土耳其籍
- 149 800 名为摩洛哥籍
- 33 500 名来自前南斯拉夫

荷兰语中有两个代表“外来人”的词：*buitenlander* 和 *allochtoon*。这两词在词典里没有差别，但在运用中，大部分情况下 *allochtoon* 指**有肤色的外来人**，*buitenlander* 则指**外来白人**。**有色外来人**包括摩洛哥人、土耳其人和北地中海国家的人（希腊、意大利、葡萄牙、西班牙和前南斯拉夫），以及来自苏里南、佛得角和荷属安的列斯的人。虽然印尼血统的人看起来应被称为**有色外来人**，可实际上不然。他们比其他少数民族更获认同，一般不被视为**有色外来人**，而是印尼人。**有色外来人**群体的出生率比本地荷兰人要高得多。这将在 21 世纪导致民族差异化的进一步加深。

### 移民

1996 年有 109 000 人移民至荷兰，比 1995 年的 96 000 人要多 13%。失业率降低、移民更容易获得居住许可是这一增长的缘由。如今，从荷兰移民别国的人数可以忽略不计，但二战刚过时曾有大规模的外出移民潮，当时国家形同废墟，工作稀缺，政府鼓励人们离开荷兰去别处寻求机遇。在那段时期有超过 50 万荷兰人移居美国、加拿大、澳大利亚、新西兰和南非。

### 社会经济阶层

在荷兰最贫困的 30 个地区中（1997），8 个位于海牙，7 个在鹿特丹，4 个在阿姆斯特丹。例如，海牙的希尔德伯特（Schildersbuurt）区——主要居民为**有色外来人**，在荷兰斯博尔（Spoor）火车站附近——可支配收入比全国平均要低 33%。但海牙市整体的可支配收入仅比 46
鹿特丹和阿姆斯特丹低 4%（1997）。

这些城市的失业率也高于全国平均值。海牙相对较低，为 8.7%，但鹿特丹达 14.2%，阿姆斯特丹也高达 14.0%（1997）。这三个城市都有大量的**有色外来人**居住。

## 文化生活

### 宽容

荷兰人长久以来都非常宽容地对待政治观点和见解的差异，但也并非无差别地接受分歧，而是认可别人不同的权利，只要这种不同不至于冒犯他人。荷兰人的宽容令社会分裂成一系列自发组成的群体，这个过程在荷兰称为**柱群化**。不同社会群体间保持距离，最小化摩擦和矛盾。新教和天主教**柱群**（*zuilen*）的形成可追溯到16、17世纪，也就是反抗西班牙统治的革命时期。当时新教取代天主教成为社会的主导力量，天主教徒则在社会内形成了一个封闭的“柱群”，以保全他们对天主教的认同。荷兰式的宽容令他们可以这么做，但在那时的宗教战争中这还不是寻常的概念。

19世纪是社会变革席卷欧洲大陆的时代。自由主义在荷兰极受欢迎。自由主义者相信，自由、自我负责、宽容和社会正义是理想社会所必需的。随着经济和政治权力逐步转移到社会中世俗的自由主义者手中，新教徒和天主教徒在他们各自的柱群中聚集，维持自身的宗教价值观。在19世纪末，自由主义之后，社会主义又作为新的社会力量出现。社会主义者代表工人和农民的利益，成了荷兰社会的第四柱群。四方都能容忍其他群体，也同其他群体隔离；每一柱群都维持着自身的价值观，也让其他柱群维持他们的价值观。

在**柱群化**的高潮，几乎所有的社会活动都按宗教或价值观的不同自愿彼此分离。例如，天主教、新教、自由主义和社会主义都有各自的体育俱乐部、报纸、学校、保险公司、工会、农会和政党。**柱群**直到20世纪60年代才在电视的影响下开始破裂，电视让人们能认识到他人的不同，从而消除了柱群和柱群之间的壁垒（见第十二章的完整阐述）。

### 47 宗教

宪法保障公民完全的宗教自由，这也和荷兰宽容的传统很相称。

17 世纪，荷兰是一方个人自由和宗教自由的避难所，在欧洲独一无二。他们在 1608—1620 年间接纳了为寻求宗教自由而脱离圣公会的分离教派教徒[1]。新教取代天主教的主导地位后也对天主教持宽容态度。

20 世纪 50 年代起，基督教会的影响力开始衰退。1984 年，18 岁及以上人口中估计有 36%为罗马天主教徒，到 1996 年这一比例降至 20%。殖民帝国的崩溃、对外来劳动力的需求和避难者的浪潮造成了国家民族构成的转变，这一转变的影响，可以从现在居住于荷兰的伊斯兰教徒及印度佛教徒数量上看出。1986 年有 338 000 名伊斯兰教徒和 72 000 名印度佛教徒，据估计，到 2020 年伊斯兰教将成为荷兰第二大宗教，届时 7%的人口会是伊斯兰教徒，而只有 10%会是天主教徒。

没有任何宗教信仰的群体人数增长最多，从 1900 年的 2.2%增加到 1971 年的 23.6%，在 1984 年更达近 35%。至 2020 年，估计会有 73%的非宗教人口。

## 教育

荷兰几乎无文盲，5～16 岁的孩子有义务上学，大部分孩子在进小学前要上幼儿园。政治家目前在争论是否要把义务教育的起始年龄降到 4 岁。

荷兰学校受中央政府指导，但由地方控制。教育部制定政策，但不能具体规定如何执行政策。每所学校与地方市政当局合作，各自决定教育部所设政策目标的实施细节。

这一指导性而非控制性的框架，令国家能在不干涉各所学校特色的前提下为所有学校拨款，无论是公立(30%)还是私立(70%)，无论是世俗学校还是宗教学校。教育部可以规定所有学生应学会阅读荷兰文，但不能规定教材。这允许世俗学校采用世俗化课程，宗教学校提供 48
宗教性课程，两者均能实现国家的指导方针，同时也能满足各自的特定

① 1620 年，这些清教徒们在英国商人的资助下搭乘“五月花号”前往北美，在马萨诸塞州普利茅斯建立起英国在美洲的第一个永久性殖民地。——译者注

追求。

政府给所有学校拨款，但荷兰人并不视之为违反政教分离原则，反而觉得这能保障父母在子女就学选择上的自由权。父母可以依据学校的宗教/世俗取向、学术专攻来进行选择。例如，在阿姆斯特丹，自由选择权造成了事实上的隔离。在该市**东**(*oost*)区，9 所小学中的 8 所被视作“有色人种”的学校，因为超过 75%的学生为**有色外来人**。**荷兰族裔**(*autochtoon*)的父母往往将子女送到该区那所“白人”的蒙台梭利(Montessori)学校，或送往外区学校。**有色外来人**父母则相反，往往将子女送到相同民族占多数的学校。德开普(De Kaap)小学是摩洛哥学校，188 名学生中有 70% 是摩洛哥儿童；德克拉恩佛根(De Kraanvogel)是苏里南移民的学校；荷特帕勒特(Het Palet)是土耳其人的学校。

为帮助学校给这些外来学生提供额外的教学资源，政府教学补助的分配额根据学校每名入校生在统计学意义上的价值以浮动方式计算。每 32 个统计学生单位可获得一名教师的职位补助金。譬如，来自非荷兰母语家庭的学生算作 1.9 个统计单位，若父母只受过最小限度的教育，或收入很低、失业，则该学生算作 1.25 个统计单位。

荷兰学校的学期贯穿整年，这带来一个副作用，因为只有一个 6 周的暑假，有子女的家庭都希望于此期间出去度假，这使国家有停摆的风险，公司、商场和工厂都会空空如也，道路、旅馆和度假点则会人满为患。为了应对这一问题，荷兰将学校分为 3 个学区，学期长假的时间段在这 3 个学区间轮换。每年夏季，其中一区会较早放假，第二区随后，第三区最晚。下一年，这一顺序会交替，所有的学校都有机会改换假期的时间。

荷兰没有学校午餐制度，除非有特别安排须逗留，学生要每天回家用餐。在荷兰学校用午餐的概念基本相当于接受课后托管，是家长和教师组织提供的一种按需付费、即付即得服务。学校不提供食物，要留
49 在学校的学生必须自带午餐。荷兰学校系统的这一特色，使小学生的母亲很难找到全职工作，因为她们每天要来回两次接送子女。

而且荷兰没有学校专用交通系统，孩子上学与他们父母上班乘同样的公车。这既影响到学校预算(无须考虑学校巴士的成本)，也影响了孩子上下学的体验(美国黄色学校巴士上的氛围同荷兰高峰期公交上的氛围截然不同)。大部分荷兰孩子步行或骑自行车上学。

荷兰学校中土耳其和摩洛哥学生构成的少数民族群体为数不少。国家政府将这类学生算作 1.9 个统计单位，试图以此确保他们在学校中的平等地位。只要父母希望孩子学习关于本国语言和文化的额外课程，他们就可以选修。可是，教职员工觉得对这些少数民族学生而言，把学习本国语言文化的时间用于学习荷兰语言文化会更好。理由是几乎全部、至少大部分孩子再也不会回到其父母的故国生活，所以充分掌握荷兰语言和文化将使他们在新家园中更有成功的把握。

在大部分少数民族学校，例如阿姆斯特丹的那几所，孩子的父母缺乏融入荷兰社会的渴望是一个严重的问题。他们继续生活在自己的文化中，在家中说着自己的母语，排除荷兰化的一切。例如，当某所此类学校的教师给二、三年级的学生布置家庭作业，让他们观看一部有关环境问题的电视节目，以供明日课堂讨论时，班中超过半数的学生会无法观看，因为其父母在设置电视频道时会删掉所有荷兰语电视频道。他们能看的只有摩洛哥频道。

对于来自这些家庭的孩子，学校是唯一能学习荷兰语的地方。当学校中有 个占多数的民族群体，孩子就很容易私下里说自己的母语，运用荷兰语的需要则降低。研究表明，荷兰语能力不足会导致其他学习科目的成绩偏差。荷兰语和学术技巧贫乏意味着这些孩子将不能在荷兰社会中出人头地，继续封闭在他们目前生活的民族居住区内。

1970 年前，法语是小学的选修课程。此后，法律发生了改变，英语
成为小学的可选修外语，从五年级开始教授并持续到高中毕业。除英 50
语外，想上大学的高中学生还必须学习德语和法语；选**古典科高中课程**(*Gymnasium*)的学生要学习拉丁语和希腊语，选**文理科**(*Atheneum*)的则无此必要。高中毕业不想再念的学生或想接着上职业技术学院或短大的学生须继续学习英语，而且必须从下列语言中选择一门作为第二

外语：德语、法语、西班牙语、俄语、阿拉伯语、土耳其语、弗里斯兰语或意大利语。

## 大学

就读大学需**文理科**或**古典科**高中文凭。荷兰有8所大学，成立于1575年的莱顿大学历史最悠久，为奥伦治的威廉所建，以表彰该市在独立战争中奋起反抗西班牙。据传说，莱顿市民可从一所大学和免除税收中选择其一，他们选择了大学，因为觉得免税令有可能被撤回。在格罗宁根(成立于1614年)、乌特勒支(1636)、奈梅亨(1923)、马斯特里赫特(1976)和鹿特丹(1973)各有一所大学，另外两所在阿姆斯特丹。

阿姆斯特丹大学创始于1632年，原名光辉学院(Athenaeum Illustre)，这一名称持续到1877年。阿姆斯特丹自由(Vrije)大学成立于1878年，其建校是19世纪荷兰政治竞技场上演的“学院斗争”所导致的结果之一。亚伯拉罕·凯珀(1837—1920)领导的正统新教徒开办了这所私立大学，他希望有一所大学能脱离教会和政府，仅听从上帝的旨意。

除这些大学外，荷兰还有一所农业学院、三所理工/工程学院及两所商业学校。三所理工学院分别位于代尔夫特(成立于1905年)、埃因霍温(1957)和特文特(1961)。农业学院在瓦格宁根(1876)。商业学校分别在蒂尔堡(Tilburg，1927)和奈恩罗德(Nijenrode，1946)。

荷兰政府给每位18—27岁的大学和职业学校学生提供基本助学金。原本政府希望能满足学生的生活所需，但开支缩减运动减少了基本助学金的金额，一名离家求学的学生所获基本助学金从1992年的每月570荷兰盾降到了1997年的425荷兰盾。

51 这样一来，在支付学费后，一名离家求学的学生每月可用生活费不足200荷兰盾，在鹿特丹，这只相当于一间小屋租金的一半。1996年，教育部为一名离家读书的学生所设的预算标准为每月1 200荷兰盾。预算标准和基本助学金之间的差额，按设想应由辅助助学金(提供给有迫切需要的学生)和学生贷款补足。将政府助学金发放加以规范化的斯特乌普法(Stoeb Law),意图“把最沉的担子放在最强壮的肩膀上”。该法被通俗地表达为“学生自力更生法”。

1997 年荷兰各大学和学院的注册学生共有 159 500 人,比 1996 少 3%,因为若干新法规出台,令一些人无法靠政府补贴继续求学,而且现在必须在 6 年内完成学业。不过新生数量上升了 4%,达 29 100 人。

自 1996 年起,因经济形势的变化,规定学生领取助学金不能超过 4 年。1991 年前,理论上可以永远领取,有时也当真一直发放。新法规出台了所谓“成就奖学金”,学生必须实现某些特定目标才能使他们领取的钱成为无偿补助。若不然这些钱就是贷款,须连本带利偿清。学生必须在入学第一年累积一定量的学分,也必须在 6 年内完成学业。现在,政府补助在学生到 27 岁时将终止,无论是否完成学业,希望此后继续学习的人只能借助学生贷款。

在学生补助/贷款以外,荷兰学生还可免费乘坐公共交通和荷兰铁路公司的列车。这一福利与政府对学生补助/贷款的削减同时出现。政府认为给学生免费乘车权比给他们钱支付往来学校的交通费要更经济。学生则马上找到办法来利用乘车权赚钱,弥补助学金的减少——在全国范围内提供邮递服务。因为学生可免费坐荷兰铁路公司的车次,他们能把包裹从海牙送到格罗宁根,途中还可学习,钱就进了口袋。不过政府很快就察觉了,现在,在外地求学的学生手中的荷兰铁路公司通行证仅周末有效。

## 艺术 52

### 视觉艺术

荷兰有 800 多家博物馆,是世界上每平方公里博物馆数量最多的国家。阿姆斯特丹的著名博物馆有荷兰国家博物馆、阿姆斯特丹市立博物馆、梵·高美术馆(Van Gogh Museum)和热带博物馆(Tropical Museum)。鹿特丹的博伊曼斯—范伯宁根美术馆(Boymans-van Beuningen Museum)令人兴致盎然。海牙有莫瑞泰斯美术馆,馆藏的弗美尔作品值得一看。哈勒姆的弗兰斯·哈尔斯美术馆(Frans Hals Museum)以其古代大师们的画作收藏闻名于世。乌特勒支的中央博物馆(Centraal Museum)、莱顿的自然历史博物馆、哈勒姆的泰勒博物馆(Teyler's Museum)、阿纳姆的民俗博物馆和奥特洛(Otterlo)的克罗勒-穆勒博物馆(Kröller-Müller Museum)[①]的展品也相当有吸引力。

中世纪晚期,佛兰德斯和布拉邦的艺术家们创造了新的风格和技法。休伯特·范·艾克(约1370—1426年)和扬·范·艾克发明了油画。生于亚琛但一生都在登博斯[②](Den Bosch)度过的希罗尼穆斯·博斯(Hieronymus Bosch,约1450—1516年)被有的人视为超现实主义画派的鼻祖,他创造了一个属于自己的鲜活幻想世界。

更晚一些的年代,有表现主义先驱文森特·梵·高(1853—1890),还有立体派艺术领袖之一皮特·蒙德里安(1872—1944)。后者的作品不断朝极端抽象演变,直到具象从画布上彻底消失,成为组成一定模式或色块的平行线,有时掺杂一些黑色线条。蒙德里安的绘画理念尤其二维,表现张力、平衡和几何平面色彩形状的动感。

生于鹿特丹、1928年移民到美国的威廉·德·库宁(Willem de Kooning,1904—1997)是另一位杰出画家。起初他为生计当签约画家和商业艺术家,但现在已被尊为抽象表现艺术的大师。虽然在美国的美术馆里有很多他的作品,但在故乡鹿特丹却见不到一幅。

知名版画艺术家埃舍尔(1898—1972)也生于荷兰。他的画作充满几何性,表现重复的图形,给观者造成怪异的透视感。

眼镜蛇画派(1948—1951)中的荷兰艺术家有卡雷尔·阿佩尔(1921—　)、欧赫纳·布兰茨(Eugène Brands,1913—　)、科尔内耶(Corneille,亦称科内利斯·范·贝韦洛,Cornelis van Beverloo,1922—　)、康斯坦特(Constant,亦称尼乌文赫伊斯,Nieuwenhuys,1920—　)、扬·尼乌文赫伊斯(1922—1986)、安东·罗斯肯斯(Anton

① 原文Krüller-Möller误。——译者注
② 即今日的北布拉邦省会斯海尔托亨博斯。——译者注

Rooskens,1906—1976)和特奥·沃尔弗坎普(Theo Wolverkamp,1925— )。该画派名称是个缩写,来自其最初成员所属国家首都的开头字母集合:哥本哈根(Co)、布鲁塞尔(br)和阿姆斯特丹(a)。 53

概念艺术家赫尔·范·埃尔克(1941— )和扬·迪贝茨(1941— )创作摄影和油画。在美国展出过的荷兰艺术家中,他们属于最富创新力的一类。

## 音乐

现代荷兰保留着丰沛的音乐传统,有很多巡演世界的管弦乐团。包括阿姆斯特丹皇家音乐厅管弦乐团、海牙市立管弦乐团(Hague Residentie Orchestra)、鹿特丹爱乐乐团(Rotterdam Philharmonic)、尼德兰室内管弦乐团(Netherlands Chamber Orchestra)、尼德兰室内合唱团(Netherlands Chamber Choir)、尼德兰木管合奏团(Netherlands Woodwind Ensemble)和十八世纪管弦乐团(Eighteenth Century Orchestra)。其中最著名的也许是阿姆斯特丹皇家音乐厅管弦乐团,在1954年首度于美国巡演。

流行音乐同样丰富多彩。金色耳环(Golden Earring)、标准(Normaal)、BZN、卵(the Nits)、2无限(2 Unlimited)、特罗克纳·凯科斯(Trockener Kecks)以及洛伊丝·莱恩(Lois Lane)在全国各地的演出场场爆满。各种流行音乐节贯穿整年,其中最有名的是平克流行音乐节(Pinkpop)。

## 舞蹈

荷兰芭蕾在当代的成功始于20世纪50年代,当时,从苏联逃亡而来的索尼娅·加斯克尔(1904—1974)成为荷兰新芭蕾舞团的负责人。1961年,阿姆斯特丹芭蕾舞团与新芭蕾舞团合并,成立了荷兰国家芭蕾舞团,继续由加斯克尔领导。她在1968年离开舞团前往巴黎,鲁迪·范·丹齐格(1933— )取代了她在舞团的领导地位。国家芭蕾舞团的剧目主要为古典芭蕾,此外还有一些20世纪编舞者的作品,例如俄裔美国舞蹈家乔治·巴兰钦(1904—1983)。

1959年,加斯克尔女士管理时期,荷兰新芭蕾舞团分成了两部分。分离出的那部分在海牙成立了尼德兰舞蹈表演剧团(NDT)。1978年,捷克编舞者伊日·基利安(Jiri Kylian,1947— )成为该剧团的领袖,他独特而个人的编舞风格超越了学院派的定义。1981年,尼德兰舞蹈表演剧团成为首个在纽约大都会歌剧院演出的荷兰舞团。

该剧团由三部分组成。主团(NDT1)、年轻而经验丰富的17—
54 23岁舞者组成的二团(NDT2)以及成年后的舞者(40岁以上)组成的三团(NDT3)。每部分都有自己的剧目,切合其舞者年龄段特有的气质。

## 戏剧

荷兰有大量在本国演出的专业剧团。世界名剧,例如《猫》《歌剧院魅影》《悲惨世界》均译成了荷兰语,演出极获成功。荷兰音乐剧《西拉诺》则反过来译成其他语言,并于1993年在百老汇上演,大获好评。

《自由尼德兰》(*Vrij Nederland*)周刊上有全国各地上演的戏剧列表。1998年1月间,该周刊上的信息表明该月每周都有45部不同的戏剧公演。歌剧和音乐剧的演出数量比戏剧少得多,那一月间上演的歌剧和音乐剧分别是3部和6部。卡巴莱[①](Cabaret)秀是最常见的即兴娱乐表演,有54场同时进行。

不过,将巡回表演团派往全国各地的剧团经理约普·范·登·恩德(Joop van den Ende)正在减少合作剧院的数量。从1998—1999年度开始,他的巡回剧团仅在10座大型、位于繁华地段的剧院演出,而非像从前那样在全国所有地区的35座剧院中演出。这一变化是为了控制演出质量、恢复过去标准,也因为小型剧场无法吸引足够观众来填补演出开支。在新的演出季度,每座剧院的公演时间会延长,以期更多的别地区观众前往剧场观看,而非等着演出上门。

① 餐厅和夜总会的歌舞表演。——译者注

## 节会

荷兰每年有一系列戏剧、舞蹈和音乐节。其中最著名的是“荷兰节”,自 1947 年设立,每年 6 月举办。这是展示国际表演艺术发展的舞台。顶尖的国外前卫实验剧团、歌剧团、哑剧演员、表演家和音乐家齐聚一堂,在这个月中接受世人的注目。荷兰人也不甘人后,与客人一起展示才华。阿姆斯特丹皇家音乐厅管弦乐团、阿姆斯特丹爱乐管弦乐 55
团、荷兰国家芭蕾舞团、尼德兰舞蹈表演剧团、海牙市立管弦乐团和鹿特丹爱乐乐团均是该节的常客。

荷兰音乐节在乌特勒支举办,以巴洛克和中世纪音乐为主。北海爵士会每年在海牙举行。戏剧节在海牙和安特卫普(比利时)举行,集中展示当年荷兰和佛兰德斯各剧团最重量级的成果。荷兰舞蹈节每两年举行一届,汇聚荷兰及海外的一流舞团。一年一度的乌特勒支电影节在 9 月举办,放映上一年制作的所有荷兰影片。国际诗歌节每年 6 月在鹿特丹举行,世界各地的诗人前往那里朗读自己的作品。

## 电影

荷兰电影业规模很小,每年仅制作 10～15 部电影,大部分是纪录片。福利医疗和文化部通过尼德兰电影基金为荷兰电影制作提供财政支持。该基金为制作人提供无息贷款,最多可占制作成本的 60%,最高金额为 80 万荷兰盾。

1997 年,批准给荷兰电影业的资助有 1 900 万荷兰盾,比 1996 年增长 13%。1997 年前的 10 年的平均资助金额则变化不大,大约保持在 1 500 万荷兰盾。1997 年票房最高的影片为:《憨豆》(*Bean*)、《侏罗纪公园 2》(*The Lost World: Jurassic Park*)、《黑衣人》(*Men in Black*)、《英国病人》(*The English Patient*)和《101 斑点狗》(*101 Dalmatians*)。荷兰本国制作的电影中票房最高的是:足球题材的喜剧《全明星》(*All Stars*),导演为让 · 范 · 德 · 维尔德(Jean van de Velde);获得 1997 年奥斯卡最佳外语片奖的《角色》(*Karakter*),导演为迈克·范·迪姆(Mike van Diem,1959— );《橡胶园之恋》(*De Gordel van Smaragd*),故事发生在荷兰统治期的印尼,导演为奥尔洛夫·塞温科(Orlow Seunke,1952— )。

从 1956 年开始,美国电影艺术与科学学院设立了最佳外语片奖项,其中有 3 次颁发给荷兰影片：1986 年的《暗杀》(*De Aanslag*),导演为丰斯·拉德马克思(1920— );1995 年的《安东尼娅家族》(*Antonia*),导演为马林·戈里斯(Marleen Gorris,1948— );1997 年的《角色》,这也是迈克·范迪姆初次以一部正式影片的导演身份亮相。除了这些获奖影片,荷兰电影还得过两次提名：1959 年的《河上村庄》(*Dorp aan de rivier*),导演为丰斯·拉德马克思;1973 年的《土耳其狂欢》(*Turks fruit*),导演为保罗·费尔赫芬(1938— )。荷兰导演执导的其他值得一提的荷兰影片有：

56 ● 保罗·费尔赫芬执导：《娼妇凯蒂》(*Keetje Tippel*;1975),《纳粹军旗下》(*Soldaat van Oranje*;1979),《第四个男人》(*De Vierde man*;1983)。

● 丰斯·拉德马克思执导：《达摩克利斯的黑暗房间》(*Als twee druppels water*;1963),《公平贸易》(*Max Havelaar*;1976),《法官的朋友》(*Mijn vriend*;1979)。

● 马林·戈里斯执导：《一个沉默的问题》(*De Stilte rond Christine M.*;1982),《破镜》(*Gebroken spiegels*;1984),《黛洛维夫人》(*Mrs. Dalloway*;1997)。

● 奥尔洛夫·塞温科执导：《水之味》(*De Smaak van water*;1982),《佩尔沃拉：雪中痕》(*Pervola: Sporen in de sneeuw*;1985),《西伯利亚》(*Siberia*;1995)。

● 约斯·施特林(Jos Stelling,1945— )执导：《幽灵船》(*Vliegende Hollander*;1995)。

成功的荷兰制片人和演员经常前往国外发展。在费尔赫芬的《纳粹军旗下》和《第四个男人》中出演的耶罗恩·克拉贝(Jeroen Krabbé,1944— ),也演过其他电影,如《流氓帝国》(*The Disappearance of*

*Garcia Lorca*;1997)、《亡命天涯》(*The Fugitive*;1993)和《黎明生机》(*The Living Daylights*;1987)。在《纳粹军旗下》中与费尔赫芬和克拉贝合作的鲁特格尔·豪尔(Rutger Hauer,1944— ),则出演过《敌对水域》(*Hostile Waters*;1997)、《最后的飞行》(*Amelia Earhart: The Final Flight*;1994)和《铁鹰战士》(*Blind Fury*;1990)。因出演法国情色影片《艾曼纽》(*Emmanuelle*;1974)及续集而走红全球的西尔维娅·克里斯特尔(Sylvia Kristel,1952— ),还出演过《裸体炸弹》(*The Nude Bomb*;1980)、《魔女玛塔》(*Mata Hari*;1985)、《德古拉的寡妇》(*Dracula's Widow*;1987)和《热血》(*Hot Blood*;1990)。

但把持荷兰电影院的却是美国影片。《自由尼德兰》的1998年1月刊列出了本月阿姆斯特丹、鹿特丹和海牙135家影院上映的影片:每家影院上映的荷兰影片仅有4～8部,而美国影片达62～73部。

相当于美国《电视指南》(*TV Guide*)栏目的《演播室》(*Studio*),给1997年8月9—15日一周间电视上将要播出的所有26部电影作了概要。有18部(69%)为美国产,仅一部是荷兰制作,其余来自澳大利亚、巴西、法国、希腊、意大利和英国。全部影片都以原声播出,配荷兰字幕。

## 书籍 57

荷兰出版业比电影业更景气。在1998年1月的《新鹿特丹快讯》(*Nieuwe Rotterdamse Courant*, NRC,可视作荷兰的《纽约时报》)所评论的191本书中,荷兰原创的有85本(占总数的45%)。不过荷兰仍是进口英语书籍最多的非英语母语国家。NRC评论的书中有50本(26%)是来自英国、美国、加拿大和澳大利亚的原版英语书籍,其余为译作(42本,即总数的22%)和非英语也非荷兰语的作品(14本,占7%)。荷兰公众能阅读、观看大量非荷兰语书籍、电影和电视节目,这给荷兰人带来相当宽广的国际视野。

汉斯·布林克(Hans Brinker)的故事是所有人通过文学所认识的

荷兰的一部分，他用手指堵住大堤的缝隙，从洪水中拯救了一座城市。正如一个美国人相信，他在荷兰遇到的每个人都知道汉斯的故事；荷兰人也同样确信，美国人都知道“鹰眼”(Arendsoog)和“白羽毛”(Witte Veder)。1865 年完成《汉斯 · 布林克》的美国作家玛丽 · 梅普斯 · 道奇(Mary Mapes Dodge，1831—1905)从未到过荷兰，却创作出这个小男孩用手指堵住堤坝的故事。“鹰眼”和“白羽毛”是扬 · 诺维(Jan Nowee，1901—1958)和他的儿子保罗(1936—1993)创作的西方儿童故事系列中的英雄，他们则从未到过美国。鹰眼系列小说在荷兰卖出了超过 500 万本。

战后荷兰文坛曾由三位小说家把持：威廉 · 弗雷德里克 · 赫尔曼斯(1921—1995)、哈里 · 穆黎胥(1927—　)和赫拉德 · 雷夫(1923—　)。其他重要战后作家还有：赫拉 · 哈泽(Hella Haasse，1918—　)、扬 · 沃尔克斯(1925—　)、塞斯 · 诺特伯恩(Cees Nooteboom，1933—　)、特莎 · 德 · 洛(Tessa de Loo，1946—　)和马尔滕 · 哈特(Maarten't Hart，1944—　)。20 世纪荷兰作家虽然很令人感兴趣，他们的作品却很少被译成英语。本书附录的“译作书目”中有一份简短的荷兰作品英译列表，选一部分读一读，可令你对荷兰人的生活有所了解。

荷兰文学创作及翻译基金会(The Foundation for the Production and Translation of Dutch Literature)出版的杂志《荷兰及佛兰德斯书刊》(*Books from Holland and Flanders*)上有新书书评及其中的短篇和节选的翻译。

1986 年奥斯卡最佳外语片《暗杀》，是根据穆黎胥 1982 年的同名
58 小说改编的。赢得 1997 年奥斯卡最佳外语片奖的《角色》，也以费迪南德 · 博德沃伊克(1884—1965)的同名小说为蓝本；同样，获 1973 年奥斯卡提名的《土耳其狂欢》以扬 · 沃尔克斯 1969 年出版的小说为基础。沃尔克斯不仅小说作品令人感兴趣，其性格也颇有意思。他拒绝接受 1982 年度的康斯坦丁 · 惠更斯文学奖(Constantijn Huygens literary prize)和 1989 年度的霍夫特文学奖(P. C. Hooft literary prize)，两个权威且受人景仰的奖项。

莱昂·德·温特(1954— )不仅是作家还是影视导演。他执导了四集电视系列片《霍夫曼的饥渴》(*Hoffman's honger*,1993),改编自他的同名小说(1990);还有《青年的悲伤》(*Junkie's Sorrow*),一部关于诗人约蒂埃·霍夫特(Jotie't Hooft,1956—1977)的影片。霍夫特21岁就死于吸毒过量,该片名来自霍夫特的一部同名诗集(1976)。

西蒙·费斯特戴克(1898—1971),早先接受过精神病科培训,是极端敏锐和才华横溢的小说家、诗人和散文家,十分熟悉美国重要作家的作品。他出版过一本研究艾米莉·狄金森(Emily Dickinson,1830—1886)的著作,并将她一部分最精妙的诗作译成了荷兰文。费斯特戴克有一篇散文的灵感来自赫尔曼·梅尔维尔(1819—1891)的《白鲸》,他还是威廉·福克纳(1897—1962)研究的权威,可在当时的美国,对这位将来的诺贝尔奖获得者的兴趣却已经消退。

受欢迎度到无以复加地步的儿童文学作家安妮·施密特(1911—1995),中学时代的荷兰语课程成绩只有F,却著有60多部作品。她的作品被广泛译成各种语言,除英语外还有捷克语、丹麦语、弗里斯兰语、法语、德语、希腊语、希伯来语、意大利语、日语、立陶宛语、挪威语、斯洛文尼亚语、西班牙语、瑞典语和俄语。她最著名的故事系列是关于一名小男孩和一名小女孩的,分别叫作乙乙(Jip)和丫丫(Jannekc)。

迪克·布鲁纳(1927— )和连·博特维利特(1932—1995)都是美国人熟知的绘本作家。布鲁纳的儿童读物依靠画面讲述故事,几乎不需要任何翻译,主角是小兔米菲(荷兰语中为Nijntje)。米菲系列由诸如此类的单行本组成:《米菲去上学》《米菲在海边》《米菲在雪中》和《米菲在博物馆》。连·博特维利特的书作《小矮人》在美国获极大成功,甚至成了一档周六早晨的卡通节目。此后他还出了续作《小矮人的秘密》(*Secrets of the Gnomes*),以及动物题材绘本《有生命的森林:动物世界和连·博特维利特的马儿》(*The Living Forest: A World of Animals and Rien Poortvliet's Horses*)。

## 电视

对很多荷兰人而言,电视是令他们同屋外世界的林林总总保持接
59 触的媒介。1997 年,荷兰人平均每天花 2 小时 35 分钟来看电视。体育是观众最多的电视类别,例如,极富挑战性、赛程穿越冻河的十一城市冰上巡回赛可获得 94%的收视率。最受欢迎的节目是非商业公众频道上的新闻,有 69%的收视率。最受欢迎的频道是商业性质的 RTL4 台,有 20.2%的收视率。三个非商业频道合起来有 38.8%的收视率。

从 1997 年 8 月份某周的《演播室》杂志上,可看出美国节目是多么无处不在。周一,荷兰观众可以看到:《地球照转》(*As the World Turns*)、《致命女人香》(*Bad Girls*)(电影)、《护滩使者》(*Baywatch*)、《海滩救生员》(*Beach Patrol*)、《鸟岛》(*Birdland*)(迷你系列剧)、《勇士与美人》(*The Bold and the Beautiful*)、《为我们生活的每一天干杯》(*Cheers*, *Days of Our Lives*)、《迪士尼卡通速递》(*Disney Cartoon Express*)、《王朝》(*Dynasty*)、《夜色笼罩》(*Evening Shade*)、《黄金女郎》(*Golden Girls*)、《成长的烦恼》(*Growing Pains*)、《赫拉克勒斯》(*Hercules*)、《高速巡警》(*Highway Patrol*)、《爱在好莱坞》(*Hollywood Love and Sex*)(迷你纪录片系列)、《好莱坞的回忆》(*Hollywood Remembers*)、《杰里·斯普林格》(*Jerry Springer*)、《铁血雄鹰》(*L. A. Heat*)、《大卫深夜脱口秀》(*The Late Show with David Letterman*)、《夏威夷神探》(*Magnum, P. I.*)、《马克》(*Marker*)、《奉子成婚》(*Married with Children*)、《MASH》、《边缘》(*On the Edge*)、《奥普拉脱口秀》(*The Oprah Winfrey Show*)、《迷离档案》(*The Outer Limits*)、《真实世界》(*The Real World*)、《营救 911》(*Rescue 911*)、《桑福德和儿子》(*Sanford and Son*)、《圣·芭芭拉》(*Santa Barbara*)、《踌躇》(*Scruples*)(电影)、《魔鬼煞星》(*Shadow of Obsession*)(电影)、《插曲》(*Sideshow*)(纪录片)、《的士》(*Taxi*)、《激情交叉夜》(*Tropical Heat*)、《德州巡警》(*Walker, Texas Ranger*)以及

《沃尔顿一家》(*The Waltons*)。

美国节目不只充斥电视频道,而且确实有人观看。《新鹿特丹快讯》的一篇评论文章将贝娅特丽克丝女王六十寿庆那显赫又令人激动的场面形容为“堪比《王朝》”,美国读者能像荷兰读者一样清楚地领会这一形容,因为当时《王朝》也是美国一周一次、黄金时段的造成轰动现象的节目,甚少有人错过。每户家庭一年平均为公共频道和有线频道支付 400 荷兰盾的会员费。

## 平面媒体

荷兰宪法保障出版自由。实际上,荷兰很久以来就是一个出版自由的国度,其他国家无法出版的在这里都能出版。最早发行定期报纸的是荷兰人,最古老的报纸之一《欧罗巴周报》(*Weecklijke Courante van Europa*)始发于 1656 年,后改名为《哈勒姆真理快讯》(*Oprechte Haarlemsche Courant*),一直发行到二战。

但在 19 世纪中期,报纸杂志的独立性越来越少,逐渐成为特定党派的宣传媒介,刊物主编往往是党派领袖。荷兰语中甚至还有一个词来形容这类刊物:**带观点立场的报纸**(*opinieblad*),以同独立刊物区
别。带立场的报纸是柱群化的基石。20 世纪 60 年代,在所有宗教和 60
政治事务上都有力量说服观众的新媒体——电视,开始了对柱群化的侵蚀。

同时,报纸失去了其所属柱群的支持,1967 年电视广告终获许可后,也开始被电视夺走广告收入。因为报纸三分之二的运营成本来自广告,印刷媒体不得不采取应对措施。以典型的荷兰方式,部分电视广告财政收入暂时重新分配给了印刷媒体,以帮助他们度过转型期。

广告收入流失令印刷媒体业发生兼并,也改变了编辑的方针。成立于 1844 年的自由刊物《新鹿特丹快讯》和成立于 1828 年的《商业周刊》(*Handelsblad*)合并为《新鹿特丹商报》(*NRC-Handelsblad*)。天主教日报《时光报》则在 1974 年选择改为周刊而非接受政府资助。天主教日报《人民报》改换为更激进、更自由的风格。曾在二战时期参与

荷兰反抗运动的新教《忠诚报》则转向泛基督教主义，传递所有基督教派别的信仰。另外一些报纸放弃了占领全国市场的努力，在地区性的细分市场中成功寻到了生存之道。曾为工党喉舌的《自由大众报》(*Het Vrije Volk*)就发现能作为地区性报纸在鹿特丹生存下去，因为那里一直都是荷兰工人运动的中心。印刷媒体业的兼并极大地减少了媒体公司的数量，现在有 5 家媒体公司拥有全国 96％的日报发行量。

正如电视一样，为吸引更多读者以维持不断增长的成本需求，这些报纸被迫采取折中路线，不仅要牺牲宗教和社会价值观，也要牺牲其报道的质量。轰动性的、花边性的和体育类的报道比明晰、深刻的日常事件报道要卖得更好。这可以从主要报纸的发行量看出来。规模最大的全国性报纸(按日发行量排列)为：

| | 报纸名称 | 地　　点 | 内容倾向 | 1986 年 | 1997 年 |
|---|---|---|---|---|---|
| | 《电讯报》 | 阿姆斯特丹 | 右翼、保守、轰动新闻 | 706 000 | 763 400 |
| 61 | 《共同日报》 | 鹿特丹 | 自由、保守、新教 | 398 000 | 403 310 |
| | 《人民报》 | 阿姆斯特丹 | 中间偏左、天主教、严肃 | 285 400 | 372 100 |
| | 《NRC》 | 鹿特丹 | 自由、严肃商业 | 191 800 | 275 830 |
| | 《忠诚报》 | 阿姆斯特丹 | 中间偏左、泛基督教主义 | 122 600 | 121 600 |

把地区性和全国性报纸都计算在内，1997 年所有报社每日报纸发行总量为 4 752 791 份，相当于每百户家庭有 74 份日报。荷兰报纸主要通过订阅方式销售：上述发行量中的 90％来自订阅。全国性日报没有周日特刊，《周日报》(*De Krant op zondag*)更偏重广告而非新闻。

### 因特网

荷兰大约 60％的家庭拥有个人电脑，文字处理是拥有电脑的最常见理由(80％)。个人电脑预估销售量最高的欧洲国家是瑞典和丹麦，为每一千居民 90 台。荷兰的个人电脑市场紧随其后，为每一千居民 75 台。接下来是德国和英国，分别为 65 台和 62 台，两国的预估销售额都将上升，各自达到每一千居民 76 台和 68 台。但荷兰会在欧洲保持运用这一新技术的领先地位，1998 年预估销售将达每一千居民 80 台，而瑞典和丹麦基本不变，为 92 台。1997 年，14%的荷兰人有网络连接，其中几乎所有人至少每周使用一次。

## 体育

足球在荷兰非常盛行。荷兰国家队赢得了 1988 年的欧洲杯冠军，但从未赢得过世界杯冠军，不过是 1974 年和 1978 年世界杯的季军。

不幸的是，足球流氓在荷兰是个大问题。1997 年 3 月，阿贾克斯队（阿姆斯特丹）和费耶诺德队（鹿特丹）球迷间一次事先约定的斗殴导致一名阿贾克斯球迷身亡。针对公众的呼吁，政府很快做出应对，对足
球暴力采取严厉措施。警方表示他们会加强对足球流氓集团的调查监 62
控，在比赛现场布置更多警力，对收集和交换黑名单信息的工作加以改进。此外，还宣布容易出现事端的比赛有可能只允许一方支持者观看，禁止另一方支持者入场。1998 年 4 月，阿贾克斯队在鹿特丹胜了费耶诺德队，全场坐满了助威加油的费耶诺德球迷，没有一个阿贾克斯球迷在场，这说明也许主场优势并不如人们通常所想的那般绝对。

荷兰人尤擅速滑。当天气足够寒冷，十一城市冰上巡回赛就会举行，有成千上万人参加，在运河和湖泊上穿越 200 公里路程。1997 年，男子组冠军的成绩是 6 小时 49 分；女子组冠军是 7 小时 49 分。因为这项赛事完全在户外，只能在气候允许的情况下举行，所以 20 世纪只办了 15 届。1963 年那届是最糟的，由于极端恶劣的气候，仅 1%的选手抵达终点线。

威廉·亚历山大是国际奥委会成员。他出席了亚特兰大夏季奥运会（1996）和长野冬季奥运会（1998）。1996 年夏季奥运会中，荷兰赢得 19 枚奖牌，排奖牌总数第十四位，其中 4 枚为金牌，夺金项目为男子排球、男子曲棍球、男子八人赛艇和男子山地自行车。1998 年，男子曲棍球队再创佳绩，赢得世界锦标赛冠军，女队则取得亚军。1998 年冬季奥运会中，荷兰赢得 11 枚奖牌，其中有 5 枚金牌。对于一个没有山也

没有降雪的国度来说，这说起来很让人意外，不过所有奖牌都来自速滑项目。很多速滑选手穿荷兰设计开发的新式克莱普冰刀，这是一种铰接式冰刀，冰刃与脚趾部位连接，但在脚跟处断开，就像越野滑雪板。

网球在荷兰也很风靡。父母为捷克籍、生于海牙的理查德·克拉吉塞克(1971—　)赢得过1996年温布尔登网球公开赛的男子单打冠军。1998年，保罗·哈尔胡伊斯(1966—　)和雅克·埃尔廷(1970—　)赢得了男子双打冠军。贝蒂·施特弗(1945—　)是温布尔登和美国公开赛的双料冠军。

每年夏季，荷兰人在奈梅亨举行(因可怕而)闻名的四日徒步赛。参赛者要穿越四段各50公里长的不同赛程(女选手每段赛程为40公里)。1998年，有来自51个国家、多达37 849名参赛者参与了第八十
63 二届四日徒步挑战赛。其中5 340人中途退出。1997年，有7位选手实现了第五次完成赛程的壮举。

对于不这么执着的徒步者，荷兰人给他们安排了夏季的四日夜间徒步。有5公里、10公里或15公里的路程选项，非常受欢迎，会有整个学校报名，举着校旗前进。在第四天，参赛者会朝着终点，在一支军乐队的带领下进行凯旋式的行军。没有一同徒步的家人在街旁夹道欢迎，为自己的亲人和其他参赛者送上鲜花。

# 第二部分

# 荷 兰 国 家 史

# 第五章　从冰川期到中世纪 67

## 历史的前奏

据估计，过去70万年中，北极冰盖曾有10次向南扩张，只有扩张得最远的那次覆盖到了目前荷兰所处的地区。那是距现在第二近的萨勒冰进期①(Saale Ice Advance)。这次冰进发生于20万至18万年前，冰川覆盖面南至目前荷兰的哈勒姆—阿珀尔多伦—奈梅亨(Haarlem-Apeldoorn-Nijmegen)一线。当冰川前进时，就像推土机一般推动前面的岩石和土壤。用来建造德伦特省内巨石墓的大量岩石就是如此被带入荷兰的。

今日从东向西经过荷兰的河流，过去要通过更北的区域才汇入海洋。推土机一般的冰川改变了地貌，让河流改道向西。冰川推进，冻结了沿途的水域，令海面下降了150米。萨勒冰进期以前就有猿人生活在今荷兰地区，在马斯特里赫特附近、格尔德兰省的维卢韦边界和德伦特省境内都发现过猿人的遗迹；同时发现的还有犀牛、鳄鱼、河马和森林象的骨骸，暗示荷兰曾有与现在截然不同的气候。 68

① 也称萨勒冰期，是北欧更新世中的一个冰期代，在豪斯顿间冰期后、埃姆间冰期前。——译者注

在萨勒冰进后，这一地区有大约6万年的回暖期。然后在大约12万年前，冰川再度南进，这一次被称作维塞尔冰进期①（Weichsel Ice Advance）。今日荷兰的区域没有被冰层覆盖，但气温下降剧烈，令土地变成冻原，无法生长树木；只有地衣、苔藓和矮小的灌木能在如此气候下生存。河流再次枯竭，但这次海面仅下降135米。来自西方、今日仍从北海吹向荷兰的风肆虐，卷起干枯海床的淤泥带至内陆，造成一条肥沃的土壤带，从林堡南部一直延伸到今日欧洲深处。这类土壤被称为“黄土”。

维塞尔冰进期在公元前10000年前后结束。冻原逐渐退去，被森林所取代。曾经对冻土住民十分重要的驯鹿离去，森林鹿、野牛和野猪前来。发现于特文特和布拉邦的石器时代遗址就大致属于这个年代。

冰层融化，下层地表得见天日，形成今日荷兰的地貌。当北海重新被水填满，这些地区就彻底成了沼泽和湿地。大约公元前7000年，诺曼底和英格兰之间的大陆桥断裂，英格兰成为岛屿。

大约公元前6500年，德伦特的猿人造出了独木舟。已知最早的船（佩塞独木舟）即出现在这个年代，该独木舟以距离发现地不远的德伦特省佩塞村命名。在英国约克郡斯达卡（Star Carr）发现的一条木质船桨比它古老1 000年，但最古老的船还是属于荷兰。它由一根松树树干挖空后做成，有3米长、44厘米宽。1998年，另一条史前独木舟发现于南荷兰省的哈丁维尔特（Hardinxveldt）附近，据推测与佩塞独木舟属于同一年代。该独木舟长5.5米、宽45厘米。

距今大约5 000年前，在埃及文明鼎盛时期，现林堡地区的人类居住者才刚刚开始从捕鱼和打猎的流浪生活转为种植作物、饲养家畜的农业生活。也是在这一时期，漏斗颈陶②人——以他们制造的陶器得名——建起了那些巨石墓穴。巨石墓（hunebed）一词源自“巨大”的古

① 也称维塞尔冰期，在埃姆间冰期后。——译者注

② 颈陶文化的一支，是北欧最早从事农业的人类文明。他们所制作的器皿就像无柄的漏斗。——译者注

语词 *huyn*。

已知的巨石墓有 54 座，大部分在德伦特省境内。最大的一座近博 69
赫尔(Borger)市，有 22 米长，墓中最大的石头重达 23 000 公斤。荷兰很多巨石墓的陪葬品已遭洗劫，或是墓石本身被拿去筑路和加固堤坝。还有 34 座巨石墓的遗迹被发现，其中有 2 座在格罗宁根、2 座在欧弗艾瑟尔、1 座在弗里斯兰。估计荷兰巨石墓总数曾远超过百座。

在石器时代晚期(距今约 3 000—4 000 年前)，林堡南部有过燧石开采活动。燧石曾是非常重要的自然资源，被用来制作箭头、斧刃、刀刃、刮削工具和钻头，需求量极大。北至明斯特(Münster)、南至美茵河畔法兰克福，都能找到这些矿场中出产的燧石，证明当时存在覆盖面积相当大的交易网络。大约 3 000 年前，青铜时代开始，燧石的价值下降，这些矿场也关闭了。

公元前 3000 年前后，海洋停止上涨，莱茵河和马斯河携带的沙土开始同法英海峡间穿梭的潮汐带到海岸的沙土混合。这些泥沙堆积在荷兰的海岸线上，成为保护这片土地不受海洋侵袭的沙坝。沙坝后的区域开始干燥，成为泥炭沼。

约公元前 1000 年，海水位又一次上升，淹没大片后来属于荷兰的土地。一个在鹿特丹北部发掘出的 4 000 年前的猎营地，位置比现在的海平面要低 8 米。从那时起，居民开始建筑大型土墩，以免自己的家园在潮汐来临时被淹没。这种**土墩**在弗里斯兰被叫作 *terp*，在格罗宁根称其为 *wierd*，在北荷兰叫 *werf*，在格尔德兰叫 *woerd*。现存最高的**土墩**位于弗里斯兰省霍赫贝图姆(Hoogebeintum)，比周围郊野高出 9 米。

在罗马历史学家普林尼笔下，现荷兰的北部地区是潮水肆虐、不知道该归于陆地还是海洋的所在：

> 那里可怜的居民住在自己亲手堆起的山头或土堆上，他们从经验中学到，那个位置高于洪水所能达到的最高点，于是在那里他们搭建起屋棚。当水覆盖了周围的地域，他们就像水手；当水退

去，他们就像船难的幸存者。[①]

70 公元元年将至时，罗马人出现在欧洲西北的荒野中，是为今日荷兰历史的真正开端。之前的一切都属于史前范畴，也就是说全基于考古和地质资料，而没有书面记载。罗马人知道如何写作、如何保存所写下的文字记录，历史就伴着他们来到了这个地方。

## 罗马时代的尼德兰

罗马人是现荷兰地区有史可查的最早居民。当罗马人来到欧洲西北蛮荒之地时，凯尔特部落和日耳曼部落分居莱茵河的南北两侧。罗马人给这一区域带去了“文明”。他们传入文字、建起道路桥梁、传授新的农耕技术并刺激贸易。

比利时部落位于莱茵河南岸，被阿登(Ardennes)森林同其余处于更南边的凯尔特高卢部落隔开。莱茵河以北、被称为巴达维亚人的日耳曼部落生活在莱茵河三角洲内的一个岛屿上，位于今格尔德兰省境内。在更北的沿海地区有另一日耳曼部落弗里斯兰人，生活在博坦格(Bourtange)沼地(即今日的须德海/艾瑟尔湖，这里在13世纪的大洪水前还不是湖泊)到埃姆斯河一带。

比利时的名字源于一个融合凯尔特和日耳曼尼亚血统的部落，他们居住在南起马恩河-塞纳河、北至莱茵河、西达北海、东至摩泽尔河的地带。他们的语言和南部大高卢的凯尔特人相同，但文明程度比其他凯尔特部落低得多。另外，他们比其他凯尔特人更强壮、更坚韧，尤利乌斯·恺撒(前100—前44年)曾称赞他们为凯尔特人中最勇敢的部族。

恺撒从公元前57年开始对比利时部落的征服，但直到公元前52年才令他们彻底屈服。罗马人残酷镇压了所有的抵抗并控制了这片地

① 转引自 Jan Romein and Annie Romein, *De lage landen bij de zee: een geschiedenis van het Nederlandse volk* (Utrecht: W. de Haan, 1949), pp. 26－27。

区。一个叫作内乌里的部落宁死不屈，最终被恺撒统率的 8 个军团彻底消灭。罗马编年史中记载了内乌里族的尊严和勇武，令英国诗人约翰·布莱基(1809—1895)深受感动，并以诗篇《英雄之歌》(*A Song of Heroes*, 1890)来长久歌颂他们的抗争。

奥古斯都治下的公元前 15 年，比利时部落的土地被定为罗马的比 71
利时高卢省。这里是帝国的外野，壁垒森严的罗马边境沿着莱茵河延伸开去。建省后，这一边界一直维持到 3 世纪。

此后，内部衰弱和外部压力令帝国疆土不断流失，大片土地易主。北边界退至科隆和布洛涅(Boulogne)间的罗马大道一带，高卢—罗马文明在这条线以南又延续了两个世纪。这条线以北，成了日耳曼部落的势力范围。这条罗马大道现在是比利时的语言分界线，北部的比利时人说荷兰语(以比利时人的说法是佛兰德斯语)，南部说法语。

巴达维亚人曾是卡蒂部落的一部分，该部落生活在今德国黑森(Hessen)一带。约公元前 100 年，巴达维亚人因卡蒂内部纷争被逐出部落，此后定居于莱茵河三角洲中的一座岛上。最早在那里建立殖民地的是罗马人，巴达维亚人到达该岛的时候已无人居住。此前的居民——可能是凯尔特人——在一场不光冲走了房屋，也冲走了树木和植被的大洪水后遗弃了它。

公元前 13 年，德鲁苏斯[1]治下的罗马与巴达维亚人结成同盟。巴达维亚人没有像比利时人那样成为帝国的一部分，而被视为**盟友**[2]。联盟使他们从罗马人的课税中解脱，但仍要为罗马军团提供兵源。被送往军团的人必须服满 25 年兵役，除非战死。

---

① 德鲁苏斯·日耳曼尼库斯(Drusus Germanicus，前 38—9)，提比略之弟，古罗马将军。曾与提比略一同出征在阿尔卑斯山间的两个部落。公元前 12 年至公元前 9 年远征日耳曼，战胜当地统治者。后又征服弗里斯兰人(Frisii)、乔西人(Chauci)、卡蒂人(Chatti)和切鲁西人(Cherusci)。连通莱茵河与北河的运河即为他所开辟，也以他的名字命名。公元 9 年他不慎坠马受伤后去世。——译者注

② 在罗马人的外交关系中，有行省、盟友和臣属三种，行省即成为帝国的一部分，其公民获得完全罗马公民权，盟友有充分自主权但需要进贡或提供兵源，臣属则完全没有自主权和政治权利。——译者注

根据罗马历史学家塔西陀的记述，巴达维亚人是日耳曼民族中最勇敢的，罗马人也尊敬他们的英勇气概。巴达维亚骑兵享誉全帝国。在恺撒打败奈乌斯·庞培(前 106—前 48 年)获得罗马主宰权的法萨卢斯战役①(前 48 年)中，是巴达维亚士兵的勇敢扭转了战场的局势。自恺撒身亡到韦斯巴芗(9—79)时期，禁卫军团一直由巴达维亚士兵组成。他们对罗马忠贞不贰，甚至为罗马与毗邻的日耳曼部落作战。

可是，当罗马的权势衰退，巴达维亚人便开始寻求自由。尼禄被刺
72 后，在三恺撒(加尔巴、奥托和维特利乌斯，68—69)争位那年的漩涡中，巴达维亚人在盖尤斯·尤利乌斯·西维利斯②(Gaius Julius Civilis)的领导下起兵反抗罗马统治。西维利斯是巴达维亚贵族，受罗马式教育，曾在罗马军团中服役 25 年。罗马编年史对这次叛乱的记载中没有出现他那日耳曼式的姓名。

西维利斯组成了一个包括凯尔特人和日耳曼人的低地部落联盟。有短暂的一阵，巴达维亚联邦摆脱了罗马的统治。韦斯巴芗称帝后将注意力转向低地。被强大的罗马军团盯上后，凯尔特各部落独自与罗马和解。西维利斯最终意识到谈判无可避免，也开始同罗马人交涉。罗马编年史在这里，也就是公元前 70 年中断，所以西维利斯的命运不得而知。不过，巴达维亚人得以延续同罗马的盟约，直到 3 世纪末期，萨利安·法兰克人(Salian Franks)③在那一地区推翻了帝国的统治。巴达维亚骑兵在历史中登场的最后一幕之一是在公元 357 年的斯特拉斯堡战役中与阿勒曼尼人作战。此后，巴达维亚人从历史舞台上消失。

---

① 罗马内战决定性战役。恺撒以 22 000 名高卢老兵大败庞培 45 000 名经验不足的新兵，自此元老院派一蹶不振。——译者注

② 活动于公元 1 世纪。他曾担任罗马军团的军官，后成为巴达维亚人的首领。在维特利乌斯(Vitellius)和韦斯巴芗争帝时他支持后者，还阻止了日耳曼人对维特利乌斯的增援。但韦斯巴芗称帝后他又继续作乱，最后在局势完全不利的情况下向罗马人投降，同叛军都获得了优待。——译者注

③ 原文 Silian 为误。——译者注

虽然他们不再出现于荷兰的土地上和历史中，却继续活在荷兰人的想象中，作为荷兰人的祖先而存在。18 世纪，“巴达维亚”成为诗歌中指代荷兰的名词。前往美国定居的荷兰人将他们在纽约、俄亥俄、伊利诺伊、艾奥瓦和威斯康星的定居点都命名为巴达维亚。荷属东印度群岛的荷兰殖民官把首府定名为巴达维亚，一艘荷属东印度公司的帆船也有巴达维亚这个骄傲的名字。甚而法国统治初期宣告成立的共和国也被称为“巴达维亚共和国”；在 20 世纪，巴达乌斯(Batavus)还是某个荷兰产的自行车畅销品牌。

不过，在现今荷兰的土地上生活时间最长的是弗里斯兰人。他们和盎格鲁人以及撒克逊人一样，都属于塔西陀笔下的三个日耳曼部落群之一——印盖窝内斯，其他两个是伊斯塔埃窝内斯和赫米欧内斯，其称呼在今天的德语中仍有留存。弗里斯兰人可能是从今石勒苏益格—荷尔斯泰因州(Schleswig-Holstein)迁移到低地的，并取代了之前在低地生活的凯尔特人。他们是最早发展出商业的日耳曼部落，远至巴塞尔和圣丹尼斯都能找到弗里斯兰商人的足迹。他们是日耳曼人和凯尔特人接触的主要渠道。

弗里斯兰人直到公元前 12 年才被罗马人统治。当时德鲁苏斯挟罗马舰队，将包括弗里斯兰人在内的沿海日耳曼人收服。弗里斯兰人要用牛皮和牛角纳贡，不像巴达维亚人那样免除了税金。公元 28 年， 73
他们发动叛乱，并将自由坚持到公元 47 年，接着被图密提乌斯·科布洛冉度降伏。公元 69 年，弗里斯兰人和巴达维亚人一样在尼禄死后脱离了罗马统治。但与巴达维亚人不同的是，弗里斯兰人——其名称中有“自由”(free)的词根——将独立状态维持到 8 世纪，直到铁锤查理(688—741)终将他们打败、强迫他们皈归基督教为止。甚至在查理大帝(Charles the Great，742—814)治下，他们也是自由的弗里斯兰人，遵循自己的法律，拒不接纳查理引入的封建体制。

过去的“自由”远远比现在更接近其本来意义，那些有权被称为自由的人都为此自豪。利比里亚(Liberia，试将其国名与 liberty 自由相比较，非常相近)立国的目标是成为获自由身的美国黑奴的家园。俄罗斯的哥萨克人——在土耳其语中意为“自由的人”——与弗里斯兰人有相似的历史。遗憾的是，历史没有记载弗里斯兰人的自由究竟是什么状态，到底摆脱了什么样的奴役。

西罗马帝国在公元400年前后覆灭后，欧洲进入了黑暗时代。

## 从“黑暗时代”到中世纪

伴着罗马帝国的崩溃，“文化”、“文明”和“历史”也消失了几百年。东方的匈奴人在阿提拉王的率领下西进，造成了被称为“民族大迁移”(migration of the peoples)的大规模人口移动。因为文字记载不多，能保存下来的更是稀少，我们对这一时期所知有限，因此它被称为“黑暗时代”。

人口迁徙改变了现荷兰地区当时的人口构成。在那片土地上，弗里西亚人居沿海，撒克逊人居东，后来成为欧洲主宰的法兰克人居南。罗马人所写历史中曾居于此地的巴达维亚以及其他更小的部落都消失了。

一开始，法兰克人远谈不上团结。他们是萨利安人、里普利安人和卡蒂人组成的松散的日耳曼部落联盟，以古老的渊源和习俗相联系，没有罗马统治时曾有的中央集权。是墨洛温王朝 Merovingian 的萨利安国王克洛维一世(466—511)——亦称克洛维斯(Clovis)——开始了欧
74 洲权力的再整合。481年，他继承其父希尔德里克一世之位，成为比利时西南多尼克(Doornik)地区一个小国的国王。486年，他击败了控制巴黎周边地带、罗马在高卢的末代统治者塞阿格里乌斯，将高卢完全置于法兰克人的掌控下。到了493年，他使所有的萨利安部落臣服。506年，他击败日耳曼的阿勒曼尼部落(这个部落之名 Alemanni 是法语中“德国”一词：allemand 的词源)。

在同年的圣诞日，克洛维斯皈依基督教，这并非出于深切的信仰，而是因为战场上许下的誓言：他发誓若上帝让他战胜阿勒曼尼人，他就受洗。这让他更容易处理同罗马化的高卢地区居民和自己的基督徒妻子的关系，也令他获得了罗马教廷的支持。他后来对勃艮第人和西

哥特人的胜利为现代法国的成立打下了基础。

511 年克洛维斯去世时，根据日耳曼继承习俗，他的王国由各子分割继承。这一过程后来在整个欧洲史中反复发生。通过意志和武力统一的王国或帝国不断被分割，兄弟间为权而战，弱化了维系和平与稳定的力量，阻碍了文明的进程。维京的继承法则相反，长子有优先继承权。这强化了王国的权力，并迫其兄弟到别处开拓机遇，是导致 9 世纪维京人入侵欧洲的因素之一。

克洛维斯的帝国直到 7 世纪才重新统一起来，当时的克洛塔尔二世及其子达戈贝尔特在 602—639 年间整合了王国，可此后王国又分裂了。他们之后的国王们手腕很弱，要倚仗廷臣来处理统治中的肮脏权谋。

帝国在 687 年经墨洛温王朝廷臣小丕平（？—714）——亦称丕平二世（Pépin Ⅱ）——又一次统一。689 年，丕平在多雷斯塔德[1]（Dorestad）打败了弗里斯兰国王拉德孛，控制了弗里斯兰南部。拉德孛被迫将女儿狄奥德斯温蒂嫁给丕平的儿子格里莫阿尔德，并允许基督教在弗里斯兰传播。这一胜利使威利布罗德主教得以在 695 年让乌特勒支成为自己的辖区，并开始把弗里斯兰人转归基督教——一次更依靠刀剑而非《圣经》的皈依。

丕平死后，拉德孛重新夺回弗里斯兰南部，并将领土扩张到科隆， 75
这是弗里斯兰势力的鼎盛时期。717 年，丕平的私生子铁锤查理让拉德孛再度败北，他不得不再次允许基督教的传播。

无论是拉德孛还是继任其位的儿子波珀（Poppo），都没有接受基督教。当沃尔弗拉姆斯主教想要给拉德孛施洗时，拉德孛反问他自己死去的祖先都在哪里。主教轻率地回答，他们都在地狱，这是所有异教徒的命运。尽管受威胁，拉德孛还是拒绝受洗。他说宁愿同祖先一起下地狱，也不愿接受基督教可怜可悲的拯救、跟一群异族人升上天堂。波珀延续了父亲同基督教的抗争，直到 734 年，在与铁锤查理对阵的博

① 中世纪的荷兰重要城市，位于今乌特勒支市以南。——译者注

尔恩(Boorn)战役中同无数弗里斯兰人一起阵亡。

铁锤查理是加洛林王朝列王中的首位查理王，该王朝很快就取代了摇摇欲坠的墨洛温王朝，在法国一直延续到 987 年，在德国存续到 911 年。在铁锤查理为传播基督教而获得的胜利中，最辉煌的不是击败弗里斯兰人，而是 732 年在普瓦捷(Poitiers)附近打败伊斯兰教徒。这一胜利被认为具有遏止伊斯兰教西进、维护基督教在西欧生存的重大意义。

铁锤查理的继任者是他的儿子丕平三世(714—768)——通常称矮子丕平。751 年，丕平三世将墨洛温王朝末代国王希尔德里克三世关入修道院，加冕为法兰克帝国的货真价实的国王。因为教皇希望获得法兰克人的帮助来对抗伦巴德人(Longobards)，于是给丕平多少有些欠正当的加冕送去了祈福和认可。

在 800 年左右的一段时期，丕平的儿子、768—814 年在位的查理大帝(查理曼)看起来很有可能恢复西欧的秩序。他统治的时期政治稳定、学术复苏。800 年，教皇为他加冕，使他成为首任神圣罗马皇帝，这一对罗马式文明的回归被称为“加洛林复兴”，但没有持续很久。查理死后，他的帝国——覆盖法国、比利时、荷兰、德国、瑞士、奥地利、意大利北部、西班牙北部、现捷克共和国部分地区和前南斯拉夫部分地区——被继承人分割，带来又两个世纪的无序和不宁。

76 维京人入侵始于 850 年前后，直到 1007 年才没有缘由地中止。开始他们只是沿遍布低地的河川乘船劫掠，但后来逐渐建起了营地和定居点。

841 年，查理曼的孙子、继承了包括现荷兰在内的三分之一帝国的皇帝洛泰尔一世(795—855)，赐给丹麦王族成员留里克(Rurik)和他的兄弟哈拉尔(Harald)一份采邑。哈拉尔死后，留里克同洛泰尔发生争端，被洛泰尔囚禁。留里克逃脱后，在 850 年强迫洛泰尔给他帝国北方从马斯河到弗利(Vlie)河一带弗里斯兰土地的统治权。作为交换，留里克承诺在自己的采邑抵御掠夺的维京人——他的同胞。留里克死后(876—882 年间)，其封地过继给了诺曼人霍德弗里德(Godfried)，他很可能是留里克的侄子。

查理曼的孙子、881—887 年间的神圣罗马皇帝查理三世(839—888)——肥胖查理——用弗里斯兰土地收买了霍德弗里德(查理非常喜欢收买维京人令其自相残杀)。霍德弗里德在 882 年皈依基督教,洛泰尔二世(约 835—869 年)的女儿吉赛拉(Gisela)也被许配给他。查理怀疑霍德弗里德与洛泰尔二世的某个儿子合谋夺取更多的土地,便在 885 年前后将其谋杀。霍德弗里德的死是诺曼人统治弗里斯兰的终点。

在 11 世纪,查理曼创下、用于运作其帝国的封建制度成为各行省的基础,在以后荷兰历史中发挥了重要作用。当皇帝和受封者的联系越来越薄弱,原本是帝国官僚的公爵、伯爵和主教们,便将自己的采邑转为独立的领地。其中最不可忽视的是布拉邦和格尔公爵领地、佛兰德斯和荷兰伯爵领地以及乌特勒支主教辖区。

公元 1000 年后,佛兰德斯纺织贸易开始沿斯海尔德河兴盛起来。根特(Ghent)、多尼克、伊培伦(Ieperen)、瓦朗谢纳(Valenciennes)、艾瑟尔(Rijssel)和托尔豪特(Torhout)成为重要的纺织中心,为北欧市场生产衣物。后来,布拉邦地区的城市也加入其中,例如布鲁塞尔、卢万(Louvain)和梅赫伦(Mechelen)。位于各贸易要道枢纽的布鲁日(Bruges)成为交易中心。这些城镇在 12、13 世纪发展为大型的工商业城市。

13、14 世纪是相对和平且繁荣的时期。城市获得足够的实力让伯爵和公爵们让步,给予它们一定程度的独立权。邻近海洋、位于三条通航河流流域、可通往欧洲其他地区的优势变得明显起来。低地 77
国家成了自然天成的贸易中心。正是在这一时期,阿姆斯特丹(建立于 1275 年)和鹿特丹(编年史中有记载的最早年份是 1283 年)等城市兴起。

## 勃艮第王朝

14 世纪,勃艮第家族的好人菲利普(1396—1467)——亦称菲利普三世,他被视为现代荷兰和比利时的缔造者——开始通过条约和联姻,将尼德兰诸省统一到勃艮第王朝的统治下。当他的父亲无畏约翰于

1419年被杀时，菲利普的统治地区包括佛兰德斯、阿图瓦(Artois)和梅赫伦，这是他父亲在1385年通过与佛兰德斯伯爵的独女玛格丽特成婚得到的。1429年，菲利普获得了那慕尔(Namur)，1430年获得布拉邦和林堡，1433年从伯母巴伐利亚大公妃雅各芭(1401—1436)手中夺得荷兰、西兰和埃诺，1451年又加上了卢森堡。他进一步扩大权力，让自己的侄子、波旁的洛德韦克(Lodewijk of Bourbon)成为勒伊克[①](Luik)主教(1455)，让私生子大卫成为乌特勒支主教(1456)。

菲利普想统一所有的省份。为此，他觉得必须统一所有省区的法律及度量衡(这跟今日欧洲议会建立欧盟时所采取的步骤是一样的)。为了这一目的，他于1464年成立第一届总议会，由各省议会代表组成。这个总议会没有任何行政权力，仅为批准税制而召开。

制衡他的力量在南方诸省，尤其在布拉邦，该省的布鲁塞尔有勃艮第诸大公的府邸，布拉邦是他们的私属领地。其他行省统治者通过任命产生，被称为“执政王”(stadholders)。但这些省份并没有被真正统一，它们视彼此为独立的王国，不允许各省官员自由通行。

好人菲利普的儿子大胆查理(1433—1477)继承父亲之位，并把格尔和聚特芬(Zutphen)两省纳入勃艮第旗下。和他父亲的想法一样，查理希望成为其领土的加冕国王。他同哈布斯堡王室的腓特烈三世[②](1415—1493)协商受加冕之事，为了确保这一交易，甚至将自己的女儿、勃艮第女大公玛丽(1457—1482)许配给腓特烈之子马克西米利安
78 (1459—1519)。皇帝答应为他加冕，但由于政治反对派的坚决立场，他在加冕前夜退缩离席，加冕仪式也没能进行。不过在查理去世的1477年，婚约还是得到履行。查理的土地被玛丽继承，通过与马克西米利安的联姻，尼德兰划入哈布斯堡王室治下。

在查理于1477年意外身亡后，总议会趁玛丽无依无靠的状况增加自己的权势。玛丽被迫签署“大特权”特许状以换取总议会帮她对抗法

---

① 今列日。——译者注

② 神圣罗马帝国皇帝、德意志国王。——译者注

国。这一特许状给予总议会的权力包括宣战的决定权、王室联姻的最终裁夺权和征税权。此外,总议会能按自身意愿、不限次数地召开,无须君主召集。高层官僚只能由行省本地人担当,所有的文件必须以当地语言书写。对总议会而言不幸的是,玛丽和马克西米利安之子英俊菲利普在 1494 年登基后令这一切权力化为乌有。

## 革命的前奏

玛丽于 1482 年去世后(在打猎时坠马身亡),马克西米利安成为三岁幼子菲利普(1478—1506)的摄政,朝中有人对此表示反对。马克西米利安镇压了异己,但在 1488 年遭布鲁日市民囚禁了一小段时间。1493 年,马克西米利安的父亲死去,他成为皇帝;1494 年,14 岁[1]的英俊菲利普获得了尼德兰的统治权。在他的治下,向来不太安顺的格尔省于 1499 年分裂了出去。

通过与斐迪南二世和伊莎贝拉(Isabella)之女胡安娜(Joan)的联姻,菲利普获得了继承西班牙王位的资格。但他在 1506 年意外死于西班牙,胡安娜因此发疯。他们 6 岁的儿子查理五世(1500—1558)成了尼德兰的统治者。其伯母,也就是菲利普的姐姐奥地利大公妃玛格丽特(1480—1530)成为摄政。在查理五世治下,格尔省于 1543 年重归尼德兰。在格尔省回归之前,弗里斯兰省和格罗宁根省也分别于 1524 年、1538 年回归尼德兰。尼德兰省份总数达到 17 个。

查理五世在外祖父斐迪南二世于 1516 年去世后成为西班牙国王;在 1519 年祖父马克西米利安去世后又继承了他的王位。查理五世生于根特,视自己为尼德兰人。在他疆域广阔的帝国内,尼德兰人有不受限制的贸易权,占有世界贸易的大部分份额。贸易中心在安特卫普。
除了贸易和工业外,查理统治时期的农业、畜牧业、渔业、科学和艺术皆 79
很繁荣。不过他的儿子、菲利普二世统治时期就不是如此了。

55 岁时,查理让位于儿子菲利普二世,后者在 22 岁前都生活于西

① 此处原文似有误,菲利普生于 1478 年,1494 年应为 16 岁。——译者注

班牙。菲利普从未到过尼德兰，也不会说荷兰语。三年后，查理死于西
班牙的一所修道院内。现在，荷兰人反抗西班牙的革命斗争——八十
80 年战争的时机已然成熟。

# 第六章　宗教改革、叛乱与共和 81

西班牙国王查理五世于 1555 年退位后，他的儿子菲利普二世(1527—1598)获得了低地国家的统治权。菲利普的极权主义令尼德兰发酵多年的问题浮出水面。荷兰贵族反对被一个国外君主统治，而且菲利普又是“远在别处的国王”(absentee monarch)。在父亲死后，菲利普于 1559 年返回西班牙，再未亲临低地国家。一直都几乎完全自治的城市对不断加诸它们身上的枷锁十分怨恨。商人们确信，若能独立于西班牙，他们的生意会景气得多。但在不断高涨的不满中，宗教是更重要的因素之一。

16 世纪前半叶是马丁·路德(1483—1546)所领导、始于德国的新教改革时期。不过，给荷兰历史进程带来深刻影响的是法国出生的约翰·加尔文(1509—1564)所传播的思想。加尔文比其他改革家更关注社会和经济因素，当路德追求回归本原的单纯化时，加尔文则通过提倡节俭、勤勉、理性和负责的美德来促进经济发展。与信奉教会必须在政
治上服从国家的路德不同，加尔文认为国家应服从教会。对他而言，国 82
家是上帝创造出来保护教会、贯彻律法的机构。若君主是暴君，他觉得应承担反抗职责的是居于暴君之下的臣子和政府而非普通民众。从荷兰史中可清楚见到这些观念所造成的后果。

菲利普要求人民绝对忠诚于西班牙的王权，对他来说也就意味着

民众应绝对忠诚于罗马天主教廷。不过，荷兰人直到菲利普上台才开始反抗并不代表查理五世对新教改革很宽容。1521 年 5 月，他签署《瓦姆斯诏书》，宣判路德及其信徒为非法教众。1550 年又签署另一份诏书，将新教的异端分子处以火刑。他给亲手统一起来的尼德兰留下了这样的告别辞："维持统一，坚持律法，镇压异端。"但很多尼德兰人是新教徒，在查理眼中，那就是异端。

1559 年，在《卡托—康布雷齐条约》终止了法国和西班牙为争夺意大利所进行的战争后，菲利普离开尼德兰前往西班牙，让自己同父异母的姐姐、帕尔马大公妃玛格丽特(1522—1586)担任尼德兰女总督。她熟悉尼德兰习俗，也了解西班牙的政策，坚定勇敢、思维敏锐，懂得如何运用权力，试图用老到的手腕来掌控局面。

菲利普任命枢机主教安托万·佩勒诺·德·格朗韦勒(1517—1586)为大臣，但格朗韦勒全面把持了尼德兰政府，成了实质上的总理大臣。1563 年，奥伦治的威廉(荷兰、西兰及乌特勒支执政王)、第四代埃格蒙德伯爵(佛兰德斯及阿图瓦执政王)和霍讷伯爵(格尔及聚特芬执政王)联名上书，称若不将格朗韦勒从尼德兰召回就集体从枢密院中辞职。玛格丽特要求菲利普召回格朗韦勒，待后者于 1564 年离去后，她试图同荷兰贵族一起维持和平局面。

1566 年，一些爵位较低的荷兰贵族达成一项协议，称为"一致联盟"，共同对抗宗教法庭和限制宗教自由的敕令。据记载，一致联盟始于玛格丽特之子在布鲁塞尔的婚礼上，当时庆典云集了大量贵族。一致联盟秘密地手手相传，很快便得到 500 多个贵族的签名，既有天主教
83 的也有新教的。但是，奥伦治的威廉(沉默威廉)对签字仍感踌躇，并反对部分联盟领袖筹建军队的要求。

沉默威廉是拿骚伯爵之子。他作为天主教徒受洗，但 11 岁前一直以新教的方式受养育。1534 年，他继承了奥伦治亲王的头衔。不过查理五世坚持，若威廉要继承王权，就必须在宫廷内接受天主教的抚养方式。威廉的双亲知道尼德兰女总督、查理的妹妹匈牙利大公妃玛丽(1505—1558)对新教思想并非全然反对，便同意了这一要求。威廉进

入宫廷，在她的监护下作为天主教徒成长。

查理五世在 1555 年退位时对威廉相当宠爱。威廉被任命为枢密院成员，并获得金羊毛骑士勋位(Order of the Golden Fleece)。1559 年菲利普二世前往西班牙时，威廉被任命为荷兰、西兰和乌特勒支的执政王。在枢密院，他代表反对菲利普极权主义、维护城镇及行省的自由和权利的呼声。

威廉安排上层和下层贵族在布雷达(Breda)和霍赫斯特拉滕①(Hoogstraten)会面，但除了让第四代埃格蒙德伯爵向尼德兰女总督警告一致联盟的危险性，以及在威廉的提议下准备向玛格丽特请愿外，这些会晤没有取得任何结果。请愿书于 1566 年 4 月 5 日呈交了上去，在请愿书上签字的贵族有 200 多名。

起初，贵族们的行动所获得的结果还是正面的。宗教迫害几乎完全中止，新教徒能更公开地奉行他们的宗教信仰。但这只是令他们更为不幸。新教徒的行为越公开，布鲁塞尔统治者的担忧就越强烈，女总督开始征募军队。

向女总督抗议失败后，一致联盟的领袖们也开始准备军事行动，寻求外国支持。与此同时，他们准备了第二次请愿，在 1566 年 7 月 28 日递交给玛格丽特。

始于同年 8 月 10 日的“破坏圣像运动”②所造成的恐慌，令玛格丽特和一致联盟领袖们达成和解。玛格丽特承诺大赦，维持宗教的既成状况，但禁止新教进 步扩张。一致联盟的下层贵族首领们承诺采取行动停止骚乱。但大部分上层贵族连玛格丽特为达成和解作出的些微
让步都不认同，并继续迫害新教徒。威廉是唯一的例外，在其省区宣布 84
宗教自由。

---

① 位于今比利时安特卫普省。——译者注

② 破坏圣像运动是新教改革运动进入高潮时发生的群众性破坏运动，针对天主教堂的圣像和艺术品。这一事件波及荷兰的时间相对较晚，1522 年在维滕贝格(Wittenberg)、1523 年苏黎世、1530 年哥本哈根、1534 年明斯特、1535 年日内瓦、1537 年奥格斯堡(Augsburg)、1559 年苏格兰和 1566 年法国，其前奏早已发生。至 8 月底，三周时间内超过 400 座尼德兰教堂遭到了无可挽回的破坏。

一致同盟在同玛格丽特和解后分崩离析。部分同盟成员惧怕偶像破坏者骚乱演变成全面的叛乱，不仅毁灭天主教宗教法庭和国王，也毁灭他们自身，这份恐惧令他们接受了玛格丽特的妥协。其他成员不能接受玛格丽特禁止新教扩张的条件，他们意识到菲利普永远不会承认这一和解条约，于是开始在中产阶级的加尔文主义者中筹款征募军队，捍卫宗教改革。他们对情况的判断是正确的，菲利普确实没有承认。

1567 年，菲利普派阿尔瓦大公费尔南多・阿尔瓦雷斯・德・托莱多(Fernando Alvarez de Toledo，1507—1582)率一支西班牙和意大利人组成的军队前往尼德兰。阿尔瓦在军事指挥方面值得信赖，于查理五世麾下经历过法国、意大利、非洲、匈牙利和德国的多次战役。玛格丽特见菲利普授予阿尔瓦的权力令自己在尼德兰的存在毫无实质意义，遂辞去摄政之位，到意大利和丈夫一起生活。

同年，阿尔瓦与博苏伯爵一起，取代威廉成为荷兰、西兰和乌特勒支的执政王。1572 年 7 月，总议会在多德雷赫特首度自主召开，试图给叛乱一个合法的立场。它承认奥伦治的威廉为合法执政王，而非博苏。这完全是一次政治举动，意图令叛乱获得正当性，从表面上看是反对阿尔瓦而非菲利普。

圣阿尔德贡德勋爵(Lord of Saint Aldegonde)菲利普・德・马尼克斯(1540—1598)——自称为一致同盟的发起者——以他的辩才和外交技巧，说服了当届议会代表们选举威廉为执政王。马尼克斯也是荷兰国歌《威廉默斯》(*Wilhelmus*)的作者，这首歌是为献给威廉而作，其歌词为离合体，每行的首字母从上到下排列成他的名字“威廉・范・拿骚”(Willem van Nassou)[①]。

阿尔瓦手握重兵实权，在捍卫天主教信仰和西班牙王权的过程中，可以抓捕哪怕身份尊贵的尼德兰公民，把他们处决、将其财产充公。阿尔瓦的恐怖统治从 1567 年延续到 1573 年，他为维护天主教和西班牙

---

① 原文 Nassov 误。——译者注

统治所设立的特别法庭通称“血色评议会”。评议会成立的头三个月就处决了 18 000 人。第一批被血色评议会传讯的人中有埃格蒙德、霍讷和奥伦治的威廉。威廉和他的弟弟洛德韦克明智地拒绝出庭,而霍讷 85
和埃格蒙德都被斩首。

最轻微的怀疑、哪怕仇人的诽谤,也足以使人获罪,而且评议会只做一种判罚:死刑加财产充公。恐慌在加剧,被处决的人数以千计,被充公的财产达 3 亿塔勒(taler,当时的货币单位)。贸易和工业陷入停顿,成千上万的难民逃离国境。在西班牙军队入侵的 1572—1573 年,梅赫伦、聚特芬、纳尔登(Naarden)和哈勒姆的居民都遭到大屠杀。

一致同盟中以武力反抗西班牙的成员自称**乞丐军**。这一名称在 1566 年对帕尔马大公妃玛格丽特的初次请愿中曾多次出现。据传,玛格丽特的内阁大臣之一贝莱蒙(1510—1578)曾在法国对这位女总督耳语:**他们不过是乞丐**(*ce ne sont que des gueux*)。一致同盟的军事成员便把这个名字当作荣誉的勋章。

**乞丐军**一词在当时还是新创,仅有此一个含义,在其他场合不适用。这表明西班牙式尼德兰宫廷的语言既非西班牙语也非荷兰语,而是法语。因为这词的荷兰式拼写仅为法语词“乞丐”的音译加荷兰语的复数词缀。它同荷兰语中的**乞丐**(*bedelaar*)绝无半点相似。

阿尔瓦在陆战中握有主动,但**乞丐军**转战大海,攻击西班牙舰队和西班牙控制的沿海地区。他们的初次告捷是于 1572 年 4 月攻陷登布里勒。此后缓慢、逐步地解放了其余荷兰北方沿海地区。

在 1572 年的战事中,当西班牙军队开赴当时仍亲西班牙的阿姆斯特丹时,他们遭遇了一支被冻在冰上的**乞丐海军**舰队。让西班牙人惊奇的是,荷兰人能够穿过冰面与他们交战而不滑倒。西班牙人对这一事件的报告显示他们并不熟悉冰鞋,没有一个西班牙词可以指代它,得用很长的篇幅来描述荷兰人穿在脚上的东西。西班牙人对于荷兰人能在冰面行走战斗却不滑倒的本领印象非常深刻,阿尔瓦于是特意为自己的军队定购了 7 000 双冰鞋。

到 16 世纪 70 年代末期,土耳其那边的麻烦已经不比荷兰来得小,

菲利普不得不让他有限的军队来回奔忙于地中海和尼德兰之间，无法
86 在任何一边取得决定性的胜利。这给了荷兰人与当时世界霸权之一坚持斗争下去的机会。哪怕阿尔瓦在战场上常胜不败，也丧失了达到目标的信心，要求卸下这个包袱。

阿尔瓦在 1573 年 12 月离开尼德兰，由路易斯·德·雷克森斯-苏尼加(Luis de Requeséns y Zúñiga，1528—1576)替代其位。雷克森斯比阿尔瓦克制得多，他宣布大赦，但异端者除外；废除了血色评议会和阿尔瓦强加的额外税收。尽管如此，他无法调和天主教和新教之间的宗教差异、实现和平。1574 年，雷克森斯在穆凯尔海德战役中打败了奥伦治的洛德韦克(1538—1574)和亨德里克(1550—1574)所率领的荷兰军队——他们都是威廉的弟弟，均在战斗中丧生。1574 年 5 月，西班牙军队围攻莱顿，但威廉破坏堤坝淹没周围地区，于 10 月逼退了围城的军队。至今莱顿城还会纪念这一反围城的胜利。雷克森斯针对荷兰人的军事行动由于欠缺军费一再受阻，他意外死于 1576 年 3 月后，西班牙军队一度陷入混乱。

因为没有拿到军饷，哗变的西班牙军队从尼德兰北部的叛乱地区调头向富庶的南部，开始劫掠佛兰德斯和布拉邦。原本不属于叛乱阵营的二省请求奥伦治的威廉来重建秩序。谈判在根特进行，始于 10 月 19 日。11 月 4—7 日，西班牙军队洗劫了安特卫普，7 000 多人丧生。这一被称为“西班牙骚乱”的事件加速了谈判的进程。11 月 8 日所确定的协议被称为《根特和平协定》，解除了双方的敌对。一方是威廉的行省荷兰、西兰以及他的同盟，另一方是南方诸省(加上乌特勒支，除去卢森堡)。协定实现了如下目标：

● 恢复威廉在阿尔瓦到达尼德兰以前作为荷兰、西兰、乌特勒支执政王的身份——待总议会确认通过。

● 在总议会立法取消反异教敕令之前停止敕令的执行。

● 释放囚犯、返还被充公的财产。

87 ● 除了在天主教早已被禁止的荷兰和西兰省，禁止对罗马天主教会采取任何行动。

结果,西班牙失去对尼德兰的一切控制,加尔文主义恢复了在荷兰和西兰的垄断地位。

因为恐惧加尔文主义的取胜,一些主要信奉天主教的尼德兰南部瓦隆(Wallon)省份从1578年2月开始与菲利普二世进行试探性接触寻求和解。玛格丽特之子、1578年开始成为西班牙属尼德兰统治者的帕尔马大公亚力山德罗·法尔内塞(1545—1592),高明地利用瓦隆诸省因激进的加尔文主义煽动家和加尔文主义者手下目无法纪的苏格兰雇佣兵所造成的不安,来重新建立西班牙在南部的统治地位。若城镇和行省能支持罗马天主教信仰,重新发誓效忠国王,帕尔马大公就承诺他们:既往不咎;撤回军队;取消因叛乱而设立的税目;恢复这些行省和城镇曾享有的权利。

1579年1月6日,阿图瓦行省议会同来自埃诺和杜埃(Dowaai)省的代表在阿图瓦省会阿拉斯(Atrecht)会晤,并发表声明,他们将保证执行《根特和平协定》的条款,保留天主教信仰并忠于国王。阿拉斯联盟的形成,如后来所显露的那样,是尼德兰分裂为现代比利时和荷兰的开端。

为了对抗阿拉斯联盟,1月23日,北方诸省在《根特和平协定》生效地区形成"更紧密的联盟",发誓继续斗争,彻底摆脱西班牙实现独立。这一乌特勒支联盟宣告,签字成员会坚定团结在一起与国王战斗,并且绝不单独媾和,也不单独与其他势力签订条约。除荷兰和西兰外,签字成员省可自由裁夺宗教问题,只要不因宗教原因进行迫害。但在荷兰和西兰只有新教教会合法。

乌特勒支联盟确立了七省联合共和国的政治框架。在本质上,这仅是一个军事联盟,这也是它的缺陷所在。真正的权力仍在由贵族和城市新贵组成的行省议会手中。海牙总议会的各省议会代表要受推举 88
他们的省议会掣肘,当国家利益与地区利益相冲突时,便会阻碍他们在全国性的议题上达成一致,可复杂问题往往必须获得一致通过。执行权留在执政王手中,可他们由总议会选出,无法独立行使其政治权力。

他们的权力又被所有的行省所妒忌。属于城市新贵的摄政者想保持自己的地位，反对行省联合强化中央权力。荷兰和西兰尤其如此，这样才能维持它们在行省联合中的主导权。在七省中，它们因富有——支付了80%的反西班牙战争费用——和庞大人口而最有实力。阿姆斯特丹所在的荷兰省有最强的财政和政治力量，因此“荷兰”后来与整个国家联系到了一起，而非彼时的单一省份。

1581年，总议会公布了《取消宣誓法案》，两个世纪后它将成为《美国独立宣言》的蓝本。该法案的合法性来自一个前提，即至高权力属于行省议会，领主仅凭国家赋予他的权力进行统治。因此，他若实行暴政、破坏行省的权利和自由，就可以被罢免。这一法案撤回了对菲利普的效忠宣誓，代之以对尼德兰联合共和国的效忠宣誓。

沉默威廉的军事行动颇为成功。他把洪水引入大片地区，打破了西班牙军队在南部诸省的围城作战。菲利普用25 000金币悬赏威廉的首级，并承诺给刺客封爵。企图刺杀威廉的行动有两次，第二次得手了。1584年他在代尔夫特被枪杀，凶手是巴尔塔扎尔·热拉尔(1562—1584)。荷兰人对热拉尔用了残忍而特别的报复手段，简直无所不用其极，第一步是将他的手按入烧红的铁夹板。于是杀害威廉的赏金付给了热拉尔最近的亲属。甚至有人想把热拉尔封为圣徒，但教皇明智地否决了。

南方行省的单方面讲和给了菲利普新的希望，于是他派遣生力军前往低地国家。1579—1585年间，其他地区尚属太平无事，菲利普得以将所有注意力集中于尼德兰的联合行省。威廉死后的一段时间，西班牙人几乎重建了统治地位，但与英国和法国再燃战火，迫使菲利普又一次分心他顾。

89 到1585年，帕尔马大公已征服所有加入叛乱的南部省份，并威胁到北方诸省。1588年，菲利普派出西班牙无敌舰队去征服英格兰，为信奉天主教的玛丽·斯图尔特[①](1542—1587)之死复仇。舰队有130艘战舰和30艘支援船只，有2 000名上层贵族志愿参战，另有19 295

① 苏格兰女王。——译者注

名普通士兵，共计 8 460 名士兵和 2 088 名奴隶担任划桨手。舰队一出发就走了霉运，从里斯本启航后遇上了一场风暴，船队被打散，一艘沉没，三艘被哗变的奴隶劫持到法国港口。无敌舰队的任务是解放佛兰德斯沿岸的尼厄波尔特（Nieuwpoort）以及敦刻尔克（Dunkirk）港口，让帕尔马大公和他 31 000 人的军队以及 4 000 匹战马登船，然后送他们去英国。这一任务自始至终都没有完成。无敌舰队遭遇了英国舰队后，试图通过北海回到西班牙，而非冒险沿狭窄的英吉利海峡返程，可在那里遇上了大风暴。9 月底舰队抵达西班牙时，已损失了 75 艘战舰，10 185 人丧生。

1590 年，菲利普命令帕尔马大公和他的军队越过边境，阻止亨利四世（Henry Ⅳ，1553—1610）登基为法兰西国王。菲利普的目的是让他的女儿伊莎贝拉（Isabella）获得这一王位。这一战役和无敌舰队一样遭受了失败。

趁着西班牙要分心顾及法国、英国和尼德兰三方面之时，沉默威廉之子、拿骚的莫瑞泰斯（Maurits of Nassau，1567—1625）在父亲被害后继续进行斗争，攻陷了西兰、佛兰德斯和所有河岸以北的地区。莫瑞泰斯能获得军事上的胜利，不仅是因为菲利普欠缺财力、视政治更重于军事，还因为他重组了荷兰军队，设立了军事训练和军事纪律，并统一了军队的武器制式。1597 年的蒂伦豪特战役（Battle of Turnhout）中，荷兰骑兵第一次在同西班牙人的实战中用马刀和卡宾枪取代了以前的长矛。这些新武器比旧式武器威力大许多，令西班牙损失 2 350 人、被俘 300 人，而荷兰一方仅伤亡 7 人。

菲利普死于 1598 年，但战争延续下去，直到 1609 年西班牙同意停战 12 年。1607 年，海军上将雅各布·范·海姆斯凯克（1567—1607）率荷兰舰队攻击了属于西班牙控制范围的直布罗陀港并获胜。荷兰人能将战火波及西班牙本土，是令西班牙在 1609 年同意达成《十二年休战协议》的原因之一。休战协议签署后，联合行省的边界获得了安宁。 90

莫瑞泰斯的地位由弟弟弗雷德里克·亨利（1584—1647）继承。当 1621 年战火重燃，弗雷德里克·亨利扩张了荷兰的控制区域，北至布拉邦北部和林堡北部，南至马斯特里赫特，同如今的荷兰领土大致相当。莫瑞泰斯所打造的军队令人赞叹。1625 年，至少有 26 位拿骚家族的贵族以及 2 000 多名外国军官和观摩者在荷兰军队中服役、学习其战术。战争又持续了 23 年。至此，始于阿尔瓦到达的 1568 年、最初由沉默威廉所领导的反抗西班牙统治的叛乱，成为八十年战争（1568—1609 年及 1621—1648 年）。最终和平降临时——通过 1648 年的《威斯特伐利亚条约》，该条约同时终结了三十年战争[①]——荷兰的领导人是沉默威廉的孙子威廉二世（1626—1650）。由此，七省联合共和国被承认为独立的国家。

## 威廉和玛丽

新教徒和天主教徒之间莫大的仇恨和不信任点燃了八十年战争的战火，其余波至今仍能在爱尔兰看到。虽然爱尔兰离荷兰很远，但这里的问题却同荷兰有关。忠诚奥伦治学会是 1795 年成立于阿尔斯特（Ulster）的团体，意图在天主教解放运动日渐高涨的环境下维持新教对爱尔兰的支配。该组织以奥伦治亲王威廉三世（1650—1702）之名命名，他是大不列颠及爱尔兰王国 1689—1702 年间的国王，在他的统治下，占少数的新教团体的地位得到了巩固。

威廉是新教徒，通过 1677 年与表妹玛丽（1662—1694）成婚获得了英国王位。结婚时，玛丽的父亲詹姆斯是约克大公，后来成了英国国王（1695）。当天主教徒詹姆斯在 1688 年得一子时，托利党和辉格党惧怕将来的英国王位落入天主教会手中，遂抛弃异见联手。他们邀奥伦治的威廉前往英格兰废黜其岳父。威廉在 1688 年率 15 000 人从德文（Devon）登陆，朝伦敦进军，一路上几乎未受阻挠，詹姆斯逃往法国。这一短促、成功、滴血未流的政变史称“光荣革命”。

1689 年，英国议会邀威廉和玛丽共同执政，但条件是他们要接受

---

① 三十年战争是天主教（奥地利及西班牙的哈布斯堡王室和德国天主教诸亲王）和新教（德国新教诸亲王、法国、瑞典和丹麦，获英国、荷兰和俄罗斯支持）之间的战争。——译者注

《权利宣言》和《权利法案》,两者极大限制了君主的权力,将王权转移到 91
议会手中。根据这些规定,天主教徒不可继承王位;王室中止或操纵法律的权力被废除;若无议会同意,国王不得在和平时期征税和征募军队。

1690 年,詹姆斯返回英国,试图推翻威廉,但威廉在 7 月 12 日的博因河战役中击败了他。至今阿尔斯特的奥伦治党人还在纪念这一胜利,会去城里的天主教街区列队游行。威廉在博因的胜利,以及《利默里克条约》(1691)的达成,令针对天主教徒的禁令在爱尔兰日趋严厉。让荷兰花去 80 年来平息的宗教斗争,在超过 3 个世纪后的今天仍在爱
尔兰持续着。 92

# 93 第七章　联合行省与黄金时代

## 荷兰的崛起

远在八十年战争结束前，荷兰经济就开始繁荣。《十二年休战协议》(1609—1621)允许联合行省封锁船只通往安特卫普港的必经之路斯海尔德河口。这对当时处于西班牙控制下的尼德兰南部(现比利时)经济是个沉重打击。荷兰省的阿姆斯特丹取代安特卫普成为经济中心，成为当时世界最繁忙的港口。因此，很多安特卫普商人将其业务转移到联合行省。很多作家、艺术家和能工巧匠也随商人北迁。荷兰成为新的贸易中心和繁华之地。

威廉·乌泽尔利克斯(1567—1647)，成立美洲贸易公司的倡议者，就是被迫从安特卫普移民荷兰的商人。著名画家弗兰斯·哈尔斯(约1585—1666)是一名来自安特卫普、居于哈勒姆的亚麻制品商之子。普及十进制，发现流体静压(hydrostatic paradox)，著有光学、地理学和天文学著作的西蒙·斯泰芬(1548—1620)出生于布鲁日。

94 在争取自由的过程中，联合行省成了欧洲最富有的国度。荷兰商人随处可见，荷兰军事实力相当可观，艺术和科学位居发展的最前沿，还有富庶的殖民地。1643 年，荷兰商船共达 3 400 艘，总载货量为 400 万吨。1648 年，在阿姆斯特丹的一家银行就有 3 亿荷兰盾现金存款。

流动资本非常充足，所以利率仅为2%～3%，高税率和关税能轻松填补高昂的军事费用。菲利普二世则相反，在对抗新教的战争中令西班牙三度破产。正是经济成功令17世纪成为著名的荷兰“黄金时代”。

在16、17世纪，荷兰为半个欧洲进出口和运输商品。由于这些工作，他们的吝啬和精明渐渐出了名。1826年，英国政治家乔治·坎宁（1770—1827）将人们眼中的荷兰人概括如下：

做生意时，荷兰人的缺点在于
出价太低、要价太高。

在英荷17世纪激烈的经济竞争中诞生了许多以“荷兰”开头的挖苦嘲讽的英语短语，并且一直沿用下来。例如，英国诗人埃德蒙·沃勒（1606—1687）所创的一首纪念1665年6月3日英国舰队打败荷兰舰队的诗歌，就是最早使用“荷兰人的勇气”（Dutch courage）一词的作品之一：

荷兰人若失去了葡萄酒和白兰地，
也就失去了他们的勇气。

这一战时宣传语比战争持续得更久，而且有了自己的生命力，派生出诸如此类的俗语：

**荷兰人的勇气**来自酒瓶子。
**荷兰人的款待**是他请客、你付账。
**荷兰人的结算**是猜出来的。
**荷兰的夜莺**就是青蛙。
**荷兰人的拍卖**起价最高、出价越来越低。

关于英国宣传家们的创造力，这仅能窥见一斑，其他还有许多，但 95

大部分最终不再使用。

## 繁荣

繁荣意味着手中的钱财超过所需，于是有一部分可以用来满足精神需求：好奇心、对优雅和美的渴望。黄金时代的荷兰着实繁荣，给这一时期的艺术和科学提供了足够的支持。

17 世纪，当荷兰探险家开拓着已知世界的边界，把荷兰帝国的旗帜插到世界四方时，荷兰科学家、哲学家和艺术家则在国内开拓着知识和艺术的疆域。

阿贝尔·扬松·塔斯曼(约 1603—1659 年)发现了塔斯马尼亚岛和新西兰，而且是环澳大利亚航行一圈、证明它是一个岛屿的第一人。威廉·巴伦支(1550? —1597)是航行到俄罗斯南部、搜寻东北航道的第一人，且其名因巴伦支海而流传下来。亨利·哈德逊(1565—1611)为荷兰搜索西北航道，纽约的哈德逊河就以他命名。

克里斯蒂安·惠更斯(1629—1695)是首个对猎户座星云进行有效观察的人(该星云的一部分以他来命名)，且设计了第一座摆钟，比此前的钟表更精准。安东尼·范·莱文胡克[①](1632—1723)被视为显微镜观察研究之父，并发现了红细胞。赫尔曼·布尔哈弗(1668—1738)创立了医学临床教育方法。

1625 年，胡戈·德赫罗特(1583—1645)发表专著《战争法权与和平法权》(*De Jure Belli ac Pacis*)，令他获得"国际法之父"的美名。颇具影响力的泛神论哲学家、贝内迪克特(Benedict)的巴吕赫·斯宾诺莎(1632—1677)出生于阿姆斯特丹，父母是葡萄牙裔犹太人；他的哲学著作表达了神存在于自然界万物之中的理念。按照他的观点，人类可以通过理解自然世界来接近神明。

正如杰弗里·乔叟(约 1342—1400 年)和威廉·莎士比亚(1564—1616)被视为英语文学的里程碑，诗人和剧作家约斯特·范·登·冯德

---

① 也译作列文虎克。——译者注

尔(1587—1679)以及诗人、剧作家和历史学家彼得·科内利松·霍夫特(1581—1647)的作品被视作荷兰语古典文学的精华。荷兰一年一度的国家文学奖就名为霍夫特文学奖。

黄金时代最伟大的艺术家是伦勃朗·哈尔门松·范·赖恩 96
(1606—1669)。伦勃朗的创作主题非常广泛,从肖像到风景、从室内到历史;其他当时的艺术家则倾向于专注一种类型。扬·哈维克松·斯滕(约1626—1679年)最以室内场景画而知名,有一句描述房间乱糟糟的荷兰谚语让他的画作被人铭记:扬·斯滕整理的房间。伊萨克·范·奥斯塔德(1621—1649)擅长乡村的风景和场景画。米希尔·杨松·范米勒费尔特(1567—1641)擅长人物肖像,作为奥伦治王室的宫廷画家,他肃穆、古板的肖像画作品在当时极为风靡。扬·弗美尔(1632—1675)的画作反映了时代的特征,有许多可在海牙的莫瑞泰斯美术馆见到。他画中的地图和地球仪、东方式的地毯和织锦可令观者回想起荷兰当年海上贸易的盛况。

也正是在那时,如今声名远扬的荷兰式宽容开始显现。荷兰对于因政治或宗教原因背井离乡的人敞开国门,法国和瓦隆的胡格诺教徒(Huguenots)、德国的路德宗教徒、葡萄牙的犹太人、美国的基督教徒以及朝圣者都涌向荷兰。出版业审查几乎不存在,在17世纪的欧洲这相当不寻常。很多不能在其他国家出版的书在阿姆斯特丹出版,然后偷运回那些它们被禁的国家。

英国历史学家乔治·特里维廉(1876—1962)对黄金时代的荷兰给英国带来的冲击作出了这样的描绘:

> 荷兰影响着英国人生活的方方面面,他们仅仅通过榜样的力量给英国造成的影响,也许就比任何其他国家都要多。1600—1650年间,这个小小的共和国在四周战火与毁灭的荒芜中维系着一方安宁与繁荣的绿洲,在这50年的大部分时期,引领着人类的大部分科学与艺术领域……作为一个通过反抗合法王储而获得繁荣、教养和实力的社会,它为我们的商人和

政治家树立了典范。[1]

## 贸易公司

16 世纪后半叶，当荷兰的探险船队开始出航时，西班牙和葡萄牙人已是老练的全球贸易家了。而在 17 世纪，探索新贸易航道的荷兰航海家令这个小共和国的领土扩张 60 倍，成为帝国。

97 荷属东印度公司（Verenigde Oostindische Compagnie，VOC）1602 年通过特许状和公共集资成立。它对好望角以东和麦哲伦海峡以西的所有贸易拥有垄断权。在很长一段时间里，VOC 是世界上最大的商业企业。

荷属西印度公司（Westindische Compagnie，WIC）成立于 1621 年——八十年战争中十二年休战终止的那一年。威廉·乌泽尔利克斯早就提议成立一家处理美洲业务的贸易公司，但他的设想被试图实现十二年休战协议的约翰·范奥登巴恩维尔特(1547—1619)及其支持者否决。

WIC 获得了大西洋西半球部分的垄断贸易权。与 VOC 不同，WIC 可以在公海袭击西班牙船只。WIC 的很大一部分财政收入来自从西班牙人那里缴获的货物。在公海袭击西班牙船只仅是荷兰赢得八十年战争的手段之一。WIC 的袭击削弱了西班牙支付战争费用的能力，同时强化了荷兰用以支持战争的财政力量。这一战术在荷兰对付西班牙的过程中并不新鲜。二十年休战之前，**乞丐海军**曾用同样的方法来坚持同西班牙的斗争。这两个公司的活动——以及利润——是荷兰得以繁荣和进入黄金时代的极重要因素。

## 荷兰的衰落

荷兰的国力自 1648 年八十年战争结束起开始走下坡路。这一战

[1] George M. Trevelyan, *England under the Stuarts* (New York: Putnam's, 1904), p. 50.

争令国家保持了政治上的团结。而战争结束后，执政王与荷兰省各位实力强大的摄政者之间的不合，最终令联合行省付出了代价，让出了世界强权的宝座，其地位被人口更稠密的邻国所取代。约自公元 1700 年起，法国和英国成为主导西欧政治、经济和文化趋势的国家。

威廉二世亲王继承其父弗雷德里克·亨利的地位，成为所有省份(除弗里斯兰)的执政王和联合行省军队的统帅(captain-admiral-general)。荷兰总议会惧怕军队，因为军队是执政王集权的基础之一。威廉拒绝了总议会裁军和降低税率的要求，并在荷兰省逮捕了 6 名贵族党的成员——反对派的关键人物。

1650 年，威廉二世因天花意外亡故，联合行省进入第一次无执政 98
王时期(1650—1672)。贵族党和鲁文施坦党(Loevestein，一个城堡的名字，威廉二世曾在那里囚禁反对派)利用其子威廉三世(1650—1702)出生之前的那段权力真空期，于 1651 年通过一项决议，规定决不能让所有行省置于一名执政王的统治下。

1654 年，在约翰·德·维特(1625—1672)的带领下，贵族党更进一步，通过了一项秘密条令，宣布免去奥伦治王室所有的政府职务。随之而来的是《荷兰省议会永久诏令》(1667)及《总议会和谐法案》(1670)。它们意图令执政王永不再担任军队的总指挥。

无执政王时期的摄政者们很快自己也遇到了麻烦。英国议会在 1650 年、1651 年和 1660 年通过一系列法案，称为“航海条例”。这些法案直接针对荷兰，后者的船队控制着当时大部分的海上贸易。法案要求出入英国或其殖民地的商品必须用英国船只运输，给荷兰贸易带来沉重的打击，导致了第一次(1652—1654)和第二次(1665—1667)英荷战争。

根据第二次英荷战争结束时签订的《布雷达条约》，航海条例的内容进行了修订——部分由于米希尔·阿德里安松·德·勒伊特(1607—1676)对英国查塔姆(Chatham)海军基地进行了成功的突袭，允许通过莱茵河及斯海尔德河的货物用荷兰船只运入英国。荷兰失去了新阿姆斯特丹(今纽约)，但得到苏里南亚伯拉罕·克莱森在 1667 年

2 月攻占了此地作为交换。航海条例一直生效到 1849 年。

荷兰政府吝于花钱，也因为战胜了西班牙舰队而过于自信，于是轻忽了海军，使它落魄为武装商船的集合。在第二次英荷战争末期，联合行省将开始集中全力关注海上力量，但自 1648 年《威斯特伐利亚条约》以来对陆军的忽视很快令他们付出了代价。

法国“太阳王”路易十四(1638—1715)于 1667 年占领西班牙属尼德兰(比利时)后，联合行省政府与英国和瑞典达成盟约(1668)，迫使路易放弃了大部分占领地区。但盟约很快就破裂了；为了报复所遭受的
99 失败，路易在 1672 年对尼德兰宣战，接连攻陷 4 个省份和 83 个荷兰要塞。在第三次英荷战争(1672—1674)末期，英国已跃居为世界的海上霸主。

荷兰民众将矛头转向摄政者。1672 年 8 月 20 日，约翰 · 德维特和他的哥哥科内利斯在海牙死于一群愤怒的暴民之手。曾率荷兰军队打败法国的年轻的威廉三世，于 1674 年被选为 5 个行省的世袭执政王。《奈梅亨条约》(1673)签订，和平降临，此时荷兰不仅收回了所有的失地，还获得了马斯特里赫特以及法国在贸易方面做出的非常有利的让步。

1689 年，当威廉三世借助同玛丽 · 斯图尔特的婚姻加冕为英国国王，两国关系在 50 年之久的尖锐贸易冲突之后获得了改善。英国和荷兰终于能专注对付真正的敌人：法国。在之后的 25 年里——也有一段短暂的关系紧张时期——他们都在同法国作战。首先是九年战争(1689—1697)①，然后是西班牙王位继承战争(1701—1714)②。

威廉三世意外坠马身亡时没有留下子嗣，荷兰进入第二个无执政王时期(1702—1747)，权力再一次落入贵族党手中。那时，战争已让荷

---

① 九年战争在史料中称为奥格斯堡联盟战争(War of the League of Augsburg)。战争一方是法国，另一方是德意志帝国、荷兰、西班牙、英国和勃兰登堡，战争目的是维持欧洲各国的力量均衡。

② 西班牙王位继承战争是英国和哈布斯堡王室发起，目的在于阻止路易十四的孙子获得西班牙王位。因为这样他就能联合西班牙、法国和尼德兰南部(比利时)。

兰付出相当大的代价，国债从 1688—1713 年增加了将近 5 倍。荷兰在整个 17 世纪几乎都处于战争或濒临战争的状态。

终结西班牙王位继承战争的《乌特勒支条约》(1713)达成后，贵族党遵循了和平主义方针。陆军和海军被忽视和弱化，黄金时代的军事冒险家换成了自满其成的统治者，他们的目标是保持现状。工业瘫痪、生活水平下降，然而统治阶级继续着奢华的生活方式，紧握着权力不放。

奥地利王位继承战争(1740—1745)[1]将尼德兰从昏沉中唤醒。他们在这场战争中表现得相当拙劣，丢掉了所有的要塞，而在当时要塞是国防的关键。当法国在 1747 年攻入尼德兰时，西兰和荷兰省终于受够了贵族党派，推选出一名新的执政王。

他就是奥伦治-拿骚-迪茨的威廉(1711—1751)，弗里斯兰世袭执政王。1718 年他成为格罗宁根执政王，1722 年又成为德伦特和格尔德兰执政王。1747 年，其他行省起而效仿，他便成为威廉四世，首位统辖 7 省的执政王和 7 省军队总帅。他还被授予总议会辖区的统治权以及 100
荷属东印度和西印度公司的管理权。尽管拥有几乎绝对的权力，威廉四世并没有在短短的四年任期中作出任何改善国家政治状况的成就。

威廉四世 1751 年去世时，他的儿子威廉五世(1748—1806)仅 3 岁。其母亲、英国公主汉诺威的安娜(1709—1759)担任摄政直到过世，不伦瑞克—沃尔芬比特尔伯爵洛德韦克·恩斯特(1718—1788)就任武装力量指挥官。安娜去世时，政府将执政王的权力揽为己有，洛德韦克成为威廉的监护人。这一政府除在印度地区征服了锡兰(即斯里兰卡)以外，恪守严格的中立政策。

1766 年，达到成人年龄的 18 岁威廉成为执政王，洛德韦克继续对他施加影响。10 年后，当英国对意欲独立的美国宣战，他们要求尼德

---

[1] 奥地利王位继承战争是普鲁士和法国发起，目的在于阻止玛丽亚·特蕾西娅(Maria Theresia)成为奥地利女大公。荷兰派军队协助支持玛丽亚·特蕾西娅的英国，从而被卷入战争。——译者注

兰根据已有的条约派兵，支援同“暴徒”的战争。荷兰拒绝给予帮助，导致第四次英荷战争(1780—1784)。尽管尼德兰并没有准备好迎接战争——这意味着商业和贸易的巨大损失——可民众对这场战争十分热衷。英国在1783年以《凡尔赛条约》终止了美国独立战争，可英荷战争直到1784年《巴黎条约》签署才停止。

# 第八章　殖　民　地 101

## 新尼德兰(纽约)

欧洲人发现新大陆,仅仅是因为在寻找前往富庶的印度群岛的航道时犯了错误。这就是为何北美和南美的土著被称为印第安人,因为第一批抵达新大陆的欧洲人以为他们到了东印度群岛的外围岛屿。

1609 年,亨利·哈德逊——一名为荷兰效力的英国船长——奉命寻找绕过俄罗斯前往印度群岛的东北航道,但没能成功。向东的航路被冰阻隔,他于是决定往西寻找一条通道。“走错方向的哈德逊”没有找到印度群岛,却发现了今日的纽约。因为哈德逊当时为 VOC 效力,荷兰便宣布了对那片土地的所有权。

新尼德兰是荷兰的第一个永久性殖民地,建立于 WIC 成立的 1621 年。这片殖民地的总督是 WIC 的彼得·米纽伊特(1580—1638),他在 1625 年用价值 60 荷兰盾的商品从印第安人手中正式买下了整个曼哈顿岛。在新大陆,WIC 的目标更偏重于开拓荷兰贸易,而非扩张荷兰帝国。派定居者建立殖民地需要投资,而 WIC 在意的则是 102
盈亏,所以只派出维持其贸易网所必需的最少限度人数。海狸皮是该公司饰章的中心图案,也象征着 WIC 的追求。

当时的荷兰人对移民几乎毫无兴趣,荷兰很繁荣,而且相较其他欧洲国家宗教信仰要自由得多。按该殖民地最后一任西印度公司总督彼得·施托伊弗桑特(约1610—1672)所言,来到美洲的人是各国的渣滓。当时荷兰殖民地的本国移民来源之一则佐证了施托伊弗桑特对殖民者的负面评价:荷兰救济院和孤儿院。孤儿和穷人们对生活于荒芜之地的困难没做好准备,有很多人死去。幸运的是殖民地并不完全依靠荷兰移民。虽然没有关于他们国籍的档案,在1644年,总督威廉·基夫特(1597—1647)注意到这些殖民者共说18种不同语言。但荷兰语和荷兰文化仍是殖民地的主流。殖民地被英国占领后,荷兰语仍在那里存续了100多年。纽约的教堂一直使用荷兰语到1763年。

今天,仍能从该市的一些行政区名中发现荷兰的踪影:

- 哈勒姆——以北荷兰省的哈勒姆市命名。
- 布鲁克林——以乌特勒支省的布勒克伦(Breukelen)市命名。
- 鲍厄里(Bowery)——源自17世纪荷兰语中的**农田**一词(*bouwerij*)。
- 华尔街(Walstraat)——在荷兰十分常见的街道名,指顺着古城墙通道铺设的那条街。以下荷兰城市都有一条这样的街道:代芬特尔(Deventer)、杜廷赫姆(Doetinchem)、埃门(Emmen)、霍林赫姆(Gorinchem)、格罗宁根、胡伊森(Huissen)、奥尔登扎尔(Oldenzaal)、奥斯(Oss)、艾瑟尔、锡塔德(Sittard)、泰尔讷普、芬洛(Venlo)、弗利辛恩、瓦格宁根、艾瑟斯滕(IJsselstein)和兹沃勒。在奈梅亨——罗马军事守备城之一——甚至有第一(Eerste)、第二(Tweede)和第三(Derde)华尔街,标示出古防御工事的规模。纽约华尔街有同样的起源:它顺着施托伊弗桑特自己掏钱加固、用来保护曼哈顿荷兰居住区的城墙延伸。

现在我们对于新尼德兰列位总督的了解有很多来自华盛顿·欧文
103 (1783—1859)那著名的(在荷兰人看来是臭名远扬的)、戏说胡诌一般的《纽约史》,该书出版于1809年。欧文给自己所写的历史虚构了一名作者:荷兰历史学家迪德里希·尼克博克,这个不存在的人物把名字借光给了很多与纽约有关的事物。在19世纪,它还成了全体纽约人的诨名。然后就有了《尼克博克杂志》(*Knickerbocker Magazine*,出版于1833—1865年)、尼克博克棒球俱乐部(Knickerbocker baseball club,通称纽约市灯笼裤队,该队在1846年打了美国第一场正式棒球比赛),以及纽约尼克博克篮球队(昵称为Knicks,尼克斯)。

毫无疑问,欧文对荷兰的讽刺并非完全没有事实依据,但荷兰的总督大人们不可能是欧文笔下的小丑和蠢货。美国历史学家查尔斯·格林(1939— )为我们提供了更不偏不倚的视角,他曾在存放于纽约的荷兰文献中埋首研究20多年。其间,他将荷兰时期纽约的12 000份档案中的7 000份整理并翻译成可供其他学者使用的资料,是为《新尼德兰文献丛集》(*New Netherlands documents series*),由雪城大学出版社出版。

1664年——第一次英荷战争结束后10年——英国国王查理二世(1630—1685)[①]把新尼德兰"赐给"哥哥约克大公詹姆斯。他向殖民地派遣一支远征军,确保其赠礼确能如他所愿地交接。在荷兰统治的最后一年(1664),这片WIC的殖民地上有大约1万居民,邻近的普利茅斯和波士顿殖民地在1660年共有约5万人。所以,荷兰殖民地的人口不足以抵御英国人的进攻。当第二次英荷战争结束,和平于1667年再临,新尼德兰正式割让给英国,用来交换南美洲东北部的苏里南。

若荷兰能保有新尼德兰,现在的情况会完全不同,而且这些差异不仅限于今天的纽约州。根据荷兰的殖民地政策和同当地人往来的方针,在一个假想中的现代新尼德兰,会有比今天的现实中多得多的易洛魁印第安人,而且荷兰本国的状况也会跟现在大相径庭。1975年苏里南独立后,大约三分之一的苏里南人口移民到了荷兰。很多荷兰人——虽然会公开承认的很少——都宁可这些移民留在苏里南。荷兰对易洛魁印第安人的态度也许不会更好,但荷兰的民族构成会有很大不同。

① 原文1652—1654谬。——译者注

## 104 苏里南(荷属圭亚那)

南美洲的东北沿海地区,即今苏里南,最早发现于1499年,发现者是西班牙航海家阿隆索·德·霍耶达(1466/1470—1515/1516)。当地印第安人称这片土地为圭亚那。荷兰在苏里南已知最早的殖民点建于1613年,当时有50户家庭尝试在科兰太因河流域种植烟草。这一居住点很快被西班牙在1614年消灭。

1650年,弗朗西斯·威洛比勋爵(约1613—1666)派探险队前往苏里南寻找更多的土地,以扩大在巴巴多斯获得成功的糖类作物种植规模。一年后,100名英国殖民者携着他们的黑奴抵达苏里南建立殖民地。1667年,海军上将亚伯拉罕·克莱森率领一支舰队从西兰省出发,将该殖民地占领。给第二次英荷战争画上终止符的《布雷达条约》(1667)把苏里南划归荷兰,作为新尼德兰的交换筹码。

战争或许是停止了,但经济战依旧激烈地持续着。大部分英国殖民者决意带着奴隶、设备和技术知识离开殖民地,其中大部分人在牙买加重新定居。而移交给西兰省议会的殖民地,则只是从前英国人统治下那个富饶之地的空壳。西兰试图令殖民地重新实现盈利,但无法承担所需的投资。1682年,该省成功将此殖民地出售给荷属西印度公司,价格为26万弗罗林[1]。不久之后,当时负债累累,对短期盈利的兴趣比长期投资更大的西印度公司决定把殖民地三分之一的股份卖给阿姆斯特丹市和索梅尔斯戴克勋爵科内利斯·范·埃森(1637—1688)。范·埃森带领殖民地改换面貌,1683年成为首任总督。虽然他采取权威主义的专制手段,但在奋发有为的5年任期中成功地令殖民地焕发活力。因此,他经常被视作该殖民地真正的创建者。

该殖民地在18世纪后半叶达到繁荣的顶点,拥有500多座种植园,种植糖料、可可、棉花、烟草、木蓝和咖啡等作物用于出口。1775年,有64船货物从苏里南首府帕拉马里博运往荷兰,总价值达

---

① florin,英国旧币制中的硬币,值2先令或1/10镑。——译者注

1 416 250弗罗林。到 1787 年,该殖民地的人口增长到 49 000 以上,其中 90%是奴隶——给殖民地带来利润的劳力。

从荷兰来的投资自 18 世纪 70 年代早期开始减少,因为当地土著袭击种植园,动摇了投资人的信心,此外荷兰证券交易市场还发生了危机(1773)。很多种植园主破产,财产被投资人置留抵债。(索梅尔斯戴克家族的运气够好,在 1770 年把殖民地股份卖给了阿姆斯特丹市)。因为新种植园主仅关注短期利润,不为殖民地的基础设施投款,于是经济开始衰落。 105

1792 年,负债累累的 WIC 被总议会收购,但苏里南的这位新领导者在位时间并不长。1795 年,法国革命的浪潮席卷尼德兰,巴达维亚共和国成立,威廉五世逃往英国。4 年后,一支英国军队以他的名义占据了苏里南。1802 年的《亚眠条约》把苏里南归还荷兰,但 1804 年苏里南又落入英国手中,直到 1816 年才重新成为新尼德兰王国的一部分。

新王国的财政需要资金。荷属东印度种植园的收入令政府得以平衡收支,苏里南则反过来需要政府资助。政府不太情愿,认为殖民地可以厉行节约来应对。

奴隶贩卖在 1808 年被禁止,这不意味着给奴隶自由,只是禁止买卖。结果令奴隶主开始给奴隶更好的待遇,因为再不能填补逃跑或死去的奴隶所留下的空缺。同时也意味着殖民地的经济进一步衰退,因为劳动力供应减少。至苏里南的奴隶获得自由①的 1863 年,种植园的数量跌至 200 座。

释放奴隶的法案同时也给奴隶主每个奴隶 300 荷兰盾的补偿。一些奴隶主一收到补偿金就离去,不再经营种植园。失去了给殖民地带来利润的劳动力后,经济持续衰败。其他种植园主试图用来自孟加拉湾(始于 1873 年)和爪哇岛(始于 1890 年)的合同工代替奴隶,可他们

① 邻近的法属圭亚那和英属圭亚那数年前就解放了奴隶,分别在 1848 年和 1834 年。——译者注

无法替代奴隶在经济中的巨大作用，于是殖民地经济进一步恶化。这些合同工的合同到期后，有很多人选择留在苏里南。他们与殖民地其他群体在文化上的差异是令20世纪苏里南社会不安定的症结之一。

1955年，苏里南及荷属安的列斯获得了同尼德兰王国其他地区平等的权利。但从20世纪60年代到70年代早期，完全独立的呼声还是
106 越来越高。恐惧开始在印度和印度尼西亚社群中浮现，害怕新政府会由克里奥尔人（Creoles，被带到殖民地上的黑奴的后代）把持。这令越来越多教育程度较高的印度和印尼人向荷兰移民。

当独立越来越接近事实，因害怕政治和经济动荡而离开这个国家的人也更多。苏里南在1975年获得独立后，现实——除了获得更多荷兰援助——却不符合人们的期望，于是移民潮继续升温。1972年在荷兰的苏里南人只有55 000，到1975年达130 000，大约是苏里南人口的三分之一。这是荷兰民族问题的开端。

## 南非（开普殖民地）

1869年苏伊士运河开通之前，前往印度的路线要绕过非洲最南端的好望角，相当不便且迂回。葡萄牙人和英国人都曾在好望角登陆，但没有建立永久性居住点。1648年，一艘荷兰船只在桌湾（Table Bay）搁浅了数个月，船员被迫以原始的方式生活。他们回到故乡后，建议东印度公司在他们搁浅的海角处建一个中转站。

1652年，在扬·范·里贝克（1619—1677）的领导下，那里建成了一个筑有防御工事的补给站。1657年，第一批"自由民"到达这一殖民地，他们是被东印度公司流放的士兵和水手。后来有更多殖民者抵达，包括一批寻求宗教自由的法国胡格诺教徒，一批无依无靠的阿姆斯特丹少女——如之前所说，荷兰殖民人口经常来自孤儿院和救济院。这些人就成了后来的南非白人（Afrikaner[又称布尔人]）。

在海角地区的荷兰殖民地被恰如其分地命名为开普（Cape）殖民地，在140多年里，该地不属于联合行省，而归东印度公司所有。沃特迈耶（1824—1867）在对殖民地生活的描述中抨击东印度公司实行彻底

的独裁政治,又完全垄断一切经济事务。这一概括对东印度公司拥有的所有殖民地都能适用,他们的总督以铁腕进行统治,只关心公司的盈亏。

18、19 世纪之交时,殖民者们呼吁更多自治权,但改变的进程很缓 107
慢。他们的要求被东印度公司拒绝,1784 年提交到总议会也遭到拒绝。1795 年 2 月,也就是巴达维亚共和国成立后一个月,赫拉夫-里内特[①](Graaff-Reinet)和斯韦伦丹[②](Swellendam)的殖民者们宣布脱离东印度公司的控制,建立独立的议会政府,接受荷兰政府直接管辖。但他们的独立没能持续很久。

在流亡英国的威廉五世的请求下,英国人侵占了开普殖民地,终结了布尔人的独立政府。1803 年,开普殖民地通过《亚眠条约》回归巴达维亚共和国,但 1806 年又被同时与法国和荷兰开战的英国重新占领。荷兰从法国那里再度夺回独立地位后,英国归还了一部分所占荷兰殖民地,但保留了开普,荷兰获得 600 万英镑作为补偿。

在把占该殖民地人口大半的荷兰居民变成英国臣民之前,英国人并没有征求他们的意见。这给该地的历史带来了深远的影响。1870 年前,荷兰殖民者的数量大大多于英国殖民者,荷兰布尔人——荷兰语中意为农民——和英国人之间的冲突,让他们为逃脱英国人的摆布而移居内陆,从而扩张了欧洲人在南非的居住区域。

1834 年,英国通过了《解放奴隶法案》(Slave Emancipation Act),让整个大英帝国的所有奴隶都获得自由身。当时在开普殖民地大约有 36 000 名奴隶,可荷兰殖民者的农场需要他们的劳力。这是导致大迁徙(1836—1840)的原因之一。在迁徙中,布尔人穿过奥伦治河(Orange River)和辽阔的平原,进入特兰斯瓦,远离英国法律和条规的控制范围。他们所迁居的地区最终成为两个共和国——南非共和国和奥伦治自由邦(Orange Free State)——分别通过《桑德河公约》

① 1786 年由东印度公司建立,位于今开普省东部。——译者注

② 1743 年由东印度公司建立,位于好望角以东 190 公里。——译者注

(Conventions of Sandriver，1852)和《布隆方丹公约》(Bloemfontein，1854)获得英国承认的独立，脱离其统治。

若南非一直持续着19世纪前半叶的经济落后状态，英国也许会一直恪守公约，可发现钻石和金矿后，不光经济格局，连政治格局都发生
108 了变化。当时，全世界尤其是英国的货币系统依赖黄金，政府发行的纸币以黄金储备为担保。1868年，英国兼并了南非共和国和奥伦治自由邦领内的钻石矿；1877年又兼并了南非共和国境内的莱登堡(Lydenburg)金矿。这引发了1881年的第一次布尔战争，南非共和国和奥伦治自由邦再次宣布从英国独立并坚持这一主张——至少是暂时的。

1885年维瓦特兰(Witwatersrand)发现金矿后，罗德斯(1853—1902)——牛津大学罗德斯奖学金成立时的捐款人——试图在**外来者**(*uitlander*)当中煽动一场针对保罗·克留格尔(1825—1904)政府的叛乱以颠覆共和国。这些**外来者**来自世界各地，在金矿中工作，不过在克留格尔政府下几无任何政治权力。他的计划是待起义发生后，让朋友贾米森(1853—1917)以恢复秩序为名带领一支英国的南非派遣军进驻，然后控制南非共和国政府。可**外来者**不愿进行起义。尽管已得知起义不会发生，贾米森还是于1896年元旦前夕穿过了边境。没有了镇压起义的借口，贾米森的袭击就成了一场政治灾难。因为公开参与这项阴谋，罗德斯被迫辞去总理职务。

突袭发生后，双方在外交上争执不休，最终导致了第二次布尔战争(1899—1902)。人数远远处于劣势的布尔人只能依靠游击战，但英国人采取焦土政策，把所有布尔非战斗人员关入集中营。超过26 000名布尔人——大部分是婴儿——在集中营死去。英国人对待布尔人的恶劣手段影响了英荷之间的关系，荷兰人自然站在布尔人一边，与他们长久以来的对手英国人抗衡。

两个南非白人共和国——南非共和国和奥伦治自由邦——最终赢得了独立；但1910年，有两个英国殖民者所建立的共和国——纳塔尔(Natal)和开普——与布尔人的两个共和国联合起来，组成了南非

联盟。

二战后有一次政府支持的移民潮，共有超过 50 万的荷兰人离开战后满目疮痍的荷兰去其他国家寻找机会，当中有一部分人去了南非。可是，南非废除种族隔离制度后情况就颠倒了。荷兰移民正从南非返回荷兰，其原因正如在南非生活 40 年后回到荷兰的库埃斯在 1996 年 7 月一次《忠诚报》的采访中所说：

> 废除种族隔离制造出了一种新的种族隔离。以前仅有白人 109
> 能获得的某些职位，现在黑人反过来比白人更容易得到。说得具体些，这意味着我无法确定下一年能否找到工作。不确定性、已经很糟的经济状况和社会安全的进一步恶化让我决定返回荷兰。

## 荷属东印度(印度尼西亚)

最早航行到现印尼地区的荷兰人是科内利斯·德·豪特曼(约 1540—1599)，抵达时间为 1596 年。在这次出航前，豪特曼曾于 1592 年前往葡萄牙了解与当时所谓的“东印度”进行贸易的“秘密”。这有风险，因为葡萄牙人将通往东印度的贸易航道视为机密以维持垄断。豪特曼和他的弟弟弗雷德里克(1571—1627)曾被葡萄牙人关押，但支付巨额赎金后获释。

葡萄牙人在 1511 年首次到达“东印度”。他们占领了马六甲岛，垄断了利润丰厚的香料贸易——当时欧洲对香料的需求非常旺盛。1580 年后，葡萄牙被西班牙兼并，所有的垄断利润流向西班牙。对荷兰来说，介入香料贸易有两个理由：作为功利主义、追求利益的商人，他们希望在这项生意中分一杯羹；由于同西班牙处于交战状态(八十年战争)，他们也想夺走西班牙可用来维持战争的利润。

1602 年，VOC 成立。VOC 在东印度扩张了势力，挤走葡萄牙人，并任命荷属东印度的总督人选。VOC 成功维持了它在东印度的贸易垄断达将近 150 年(约 1630—1780 年)。垄断最终开始被打破,VOC 的合伙人们开始独立进行交易,法国和英国也利用种子出口规避了禁令,开始建立自己的香料殖民地。VOC 在第四次英荷战争(1780—1784)末期完全失去了垄断地位。终结这场战争的条约给了英国在东印度水域自由航行的权利。

1795 年,威廉五世在巴达维亚共和国成立后逃往英国时,要求 VOC 在荷属东印度向英国盟友开放殖民地。然而 VOC 对英国的恨意超过了对法国的疑心,所以承认了法国的统治。1796 年,VOC 放弃
110 了殖民地的大部分行政权,转交给新政府的一个委员会。1799 年,VOC 的特许状到期且没有更新,政府在法国的授意下取得了殖民地的所有行政权。

此后不久,英国攻占了荷兰在荷属东印度的所有据点。但 1802 年的《亚眠条约》将除锡兰以外的所有地区归还给了荷兰。巴达维亚荷兰政府试图在法国和英国的纷争中保持中立,但就在法国于 1810 年兼并荷兰后不久,英国重新占领了东印度殖民地。荷兰再度从法国手中获得独立时(1813),英国再度归还了除锡兰和开普(南非)以外所有的荷兰殖民地。

赶跑法国人之后成立的新尼德兰王国需要金钱,政府维持收支平衡需要荷属东印度种植园的财政收入。虽然在法国占领时期派往东印度的总督曾试图消除 VOC 对殖民地行政的过度干涉,可新政府对金钱的需求又造成了新的来自政府的干涉。私人创业被禁止,当地人被迫为政府生产咖啡、糖类、木蓝和若干其他作物以填补国家财政空缺。

临近 19 世纪末期,对荷兰殖民地政策的抗议开始抬头。《公平贸易》(*Max Havelaar*, 1859)一书对荷兰政策的影响不亚于《汤姆大叔的小屋》(*Uncle Tom's Cabin*)对美国黑奴问题的影响。该书谴责了与荷兰及欧洲殖民统治当局勾结的当地权贵的种种腐败,作者是爱德华·道韦斯·德克尔(1820—1887),他在该书中用了马来西亚读音的笔名穆塔图里。这一笔名在拉丁语中意为“我已被折磨许久”,当时拉丁语是学校的必修课,受过教育的荷兰人不难看出这一双关。

1870 年的新农业法体现了更自由的商业政策，允许了私人业务。1891 年，荷兰殖民地大臣威廉·卡雷尔·范德登男爵（1839—1895）[1]提出一个革命性的思想，称荷属东印度本身的权益应在制定政策时加以考量，这些权益也应在政府中得到伸张。1901 年的国王登基演说称殖民地政策的方向为彻底消除殖民统治。《分权法》（Decentralization Law）（1903）、《人民议会法》（Law on the People's Council）（1916）和《行政改革法》（Law on Administration Reform）（1922）皆旨在让殖民地实现本地化统治。起初，人民议会仅提供建议，但 1925 年获得立法 111
权，并打破了行政权力中的官僚壁垒。

二战期间，荷属东印度被日本占领。战争结束后，印度尼西亚宣布独立。荷兰试图重新确立在该地区的统治权，但 4 年的艰难作战和巨大的国际压力终令他们在 1949 年 12 月放弃，接受了印尼独立的现实。

1940 年，荷属东印度的欧洲人及欧亚混血是 7 000 万总人口中的少数（大约 29 万），但控制了几乎所有的商业和民政服务领域。战后的 1945—1968 年间，超过 33 万人逃离印尼，其中大部分前往荷兰。他们大多在印尼出生和成长，其家庭在印尼生活了几个世代。很多人同本地人一样想要独立，尽管渴望留下，而且觉得自己也是印尼人，却被当地人驱逐。

这一大规模的背井离乡给荷兰留下了印记，不仅使得荷兰的印尼餐馆像印度餐馆在英国那样四处涌现，而且也使得荷兰人首度尝到少数民族关系问题的滋味，这一问题就是如何让身为荷兰人、习惯和口音却足以令他们在故国显得另类的被迫移民者融入社会。正如欧亚混血的荷兰作家贾利耶·罗宾逊（1911—1974）所表达的，他们某种程度上夹在两个故乡之间，不受任何一方待见：

> 你在两边都总是外来者。在尼德兰，是因为你的怪习惯实在

---

① 原文 Karl 为谬。——译者注

太多，也不完全契合封闭的社会系统；在印尼，是因为——尽管有成百，也许上千的朋友——官方并不需要你这样的人。

## 荷属安的列斯

荷属安的列斯是尼德兰王国的一个自治区。到 1986 年为止，它包括 6 个不同的加勒比海岛屿，有“ABC 列岛”——阿鲁巴、博奈尔和库拉索——它们是邻近南美洲海岸的背风群岛岛群中的一部分；还有“SSS 列岛”——圣马丁、圣尤斯特歇斯和萨巴——它们是邻近波多黎各的向风群岛岛群中的一部分。1986 年，阿鲁巴和库拉索之间持续的
112 敌意最终导致阿鲁巴脱离荷属安的列斯，成为王国单独的自治领，与荷属安的列斯拥有同等地位。

WIC 在 17 世纪把这些岛屿殖民化，也建立了新尼德兰、苏里南和巴西殖民地。西印度公司于 1791 年解体后，这些岛屿继续归荷兰统治，直到 1954 年获得尼德兰王国属下的自治权。不过荷兰仍负责这些岛屿的外交和防卫。

阿鲁巴(190 平方公里)距委内瑞拉仅 30 公里。按可信度最高的说法，它和博奈尔及库拉索一起，是由阿隆索·德霍耶达于 1499 年发现的，就在他发现苏里南的同一条航线上。阿鲁巴是加勒比海盗的基地之一，直到 3 个岛屿都被荷属西印度公司控制的 1634 年为止。1924 年以前它不具有任何经济上的重要性，但在委内瑞拉发现了石油后，繁荣也降临到这座岛上。拉戈石油及运输公司(Lago Oil and Transport Company)——新泽西标准石油的姊妹公司——在那里建起一座转运港和精炼厂，以处理来自委内瑞拉的原油。

博奈尔(28.8 平方公里)是一个种植园岛。就如其他种植园殖民地一样，当奴隶在 1863 年获得自由，其生产活动就不再有利可图，该岛的经济也陷入衰落。这个岛被分成小块拍卖了出去。因为缺乏就业机会，很多居民移民到委内瑞拉和苏里南，20 世纪 20 年代又移民到阿鲁巴和库拉索，因为那里的石油产业已有一定规模。博奈尔是荷兰国际

广播电台一座短波发射天线站所在地。

库拉索(472 平方公里)是背风群岛中最大的岛屿。它在 1527 年被西班牙占领,用作放牧的农场。失去巴西后(1654),荷属西印度公司在库拉索和圣尤斯特歇斯建立了奴隶储备点,用于和美国贸易。废奴法令所带来的经济衰退直到委内瑞拉石油产业兴旺时才得以好转。1916 年,荷兰皇家壳牌在那里建起炼油厂,标志着经济的转折点。

克里斯托弗·哥伦布(1451—1506)在他的第二次航海时将圣马丁岛——还有圣尤斯特歇斯和萨巴——加入了航海图。荷兰被这座无人岛丰饶的盐场所吸引,1631 年在那里设立了一个殖民点,但 1633 年被西班牙人赶走,只有岛屿南部(34 平方公里)根据终结八十年战争的《威斯特伐利亚条约》归还给荷兰,北部(51 平方公里)则划给 1624 年在那里设立了殖民点的法国。相当奇特的是,该岛的主要语言既不是荷兰语也不是法语,而是英语。这是因为英国殖民者从 1735 年开始进 113
入该岛,建设糖类种植园,带来了很大的影响。

无人岛圣尤斯特歇斯(31 平方公里)上最早一批定居者是 1636 年来自西兰的殖民者。他们一开始种植烟草,但很快转向糖类作物。这个岛后来成为与英国及法国殖民地进行贸易的中心,18 世纪中期开始逐渐繁荣,在美国独立战争爆发后也持续发展。圣尤斯特歇斯是美国起义军军事物资的主要中转站。美国建国后,该岛鸣放了一声礼炮最早承认这个新的国家。第四次英荷战争中,英国在 1781 年占领该岛,攻陷首都奥拉涅斯塔德(Oranjestad),作为对“第一声礼炮”的报复。

萨巴岛(12.8 平方公里)最早的定居者则是 1640 年前后从圣尤斯特歇斯过来的荷兰殖民者。该岛主要用于棉花、甘蔗和咖啡的种植生产。通过海路抵达该岛很困难,加上地形崎岖、面积较小,令它无法获得显著的经济成就。

20 世纪,3 个岛的大部分就业机会来自旅游业和石油工业。50 年代的机械化进程令石油工业就业人数减少,使岛民的失业率很高,阿鲁巴和库拉索还有很多外来劳工。1965 年,失业率攀升到 23%,导致一些人迁居荷兰,不过相较苏里南的移民潮这次的规模小很多。1996 年 1 月,在荷兰的安的列斯人仅有 93 000,而苏里南人有 282 300。

## 巴西

巴西是另一个由于荷属西印度公司目光短浅、汲汲盈亏而从荷兰手中丢失的美洲殖民地。西班牙人比葡萄牙人更早发现那里,但因为两国间瓜分世界的《托德西利亚斯条约》(1494)规定,西班牙无法对其主权提出要求。佩德罗·阿尔瓦斯·卡布拉尔(1467/1468—1520)在 1500 年为葡萄牙宣布获得此地主权,现在葡萄牙语仍在巴西使用。这个种植园殖民地的主要产物是甘蔗。它和所有新大陆种植园的成功都依赖奴隶劳动,依赖大量的非洲黑奴。1600 年的伯南布哥(Pernambuco)有大约 2 000 白人和两倍左右的奴隶。

114 当葡萄牙在 1580 年被西班牙兼并,荷兰视葡萄牙所有地为可以自由攻占的目标。二十年休战终止后,荷属东印度公司占据了奥林达(Olinda)和累西腓(Recife,伯南布哥首府)附近的巴西沿海地带,在 1630—1654 年间统治着这一殖民地。

有政治家风范的巴西人约翰·莫瑞泰斯·范·拿骚(Johan Maurits van Nassau,1604—1679)在 1636—1644 年间为荷属西印度公司担任该地总督。他成功地与葡萄牙居民达成和解,实行宗教宽容政策。不过与葡萄牙人的对抗蔓延到西非,约翰·莫瑞泰斯下令攻击那里的葡萄牙领地,以夺取他们在奴隶贸易中的份额。1640 年葡萄牙从西班牙独立后,曾尝试夺回荷兰殖民地但遭到失败。荷兰与葡萄牙之间直到 1642 年才恢复和平。

尽管约翰·莫瑞泰斯对殖民地的领导很成功,荷属西印度公司却一如既往地仅关心盈亏问题。他们觉得莫瑞泰斯太会花钱,就不给他所需的支持。莫瑞泰斯在 1644 年辞去职务返回荷兰。他离开后 10 年即 1654 年,葡萄牙夺回了荷兰在累西腓的最后一个堡垒。1661 年,葡萄牙支付给荷兰 800 万荷兰盾换取他们在巴西的权益,令荷兰在巴西的短暂历史降下帷幕。

## 奴隶贸易

自1585年起，荷兰人在非洲西海岸建起了一系列筑有工事的商站，从这些前哨站出发从事奴隶贸易。荷兰不是唯一贩卖奴隶的国家，葡萄牙很久以前就这么干，并与当地土著的头领们密切合作。荷兰仅仅是学葡萄牙。1648年与西班牙的战争刚结束，荷属西印度公司就把奴隶贸易列为头等大事。

荷兰仅在1630—1795年间积极参与奴隶贸易。在荷兰奴隶贩卖最活跃的时候，他们经手大约全球奴隶贸易总量的10%。而把全部时期计算在内，经荷兰交易的奴隶为46万名，只占总数的5%左右。英国、葡萄牙(和巴西一起)以及法国占了90%，大约有860万名。

荷兰奴隶贸易是一种三边交易。欧洲和亚洲的商品通过荷兰船运到非洲，在那里交换奴隶，随后穿越大西洋将这些奴隶运往美国，在那里换取农产品或银器，并运回荷兰。

荷属西印度公司在1621—1734年前后有奴隶贸易垄断权，此后不 115
属该公司的奴隶贸易也占到荷兰一部分市场份额。1773年动摇荷兰经济的金融危机发生后，荷兰奴隶贸易趋于停止。金融危机的影响波及各殖民地，殖民地的客户们对奴隶的购买力下降，令奴隶市场萎缩。美国独立战争的爆发和伴随而来的国际危机又对奴隶贸易造成进一步的打击。

117 # 第九章 宪政民主

## 巴达维亚共和国(1795—1806)

第四次英荷战争结束时,尼德兰联合共和国的情况相当不利,奥地利的约瑟夫二世(1741—1790)也利用荷兰人的困境逼迫他们让步。同奥地利开战是尼德兰联合共和国所不能承受的,所以不得不在《巴黎条约》中接受约瑟夫的要求。爱国运动的武装力量和社会下层的奥伦治王室支持者爆发了冲突,内战似乎不可避免。荷兰爱国运动是巴达维亚共和国联邦政治运动的主干,并清扫了执政王制度。爱国运动成员支持民主政治新思想,即民众能影响政府组阁并监控其行为。他们并非唯一抱持此类思想的人。18 世纪后期是变革的时代,美国(1776)和法国(1789)的革命则是变革的先导。

爱国运动的纲领性文件是颇具社会影响力的若昂·德克·范·德·卡佩伦·托特·登·波尔(Joan Derk van der Capellen tot den Pol,1741—1784)匿名出版于 1781 年的一本小册子,题为《致尼德兰人
118 民》(*Aan het volk van Nederland*)。它鞭辟入里地揭露了执政王制度的缺陷,谴责这一制度给当时的联合共和国带来了一切的弊病和灾祸,尤其是带来了第四次英荷战争。它提出民主政治思想,以民众的至高无上为基础,用民兵武装和独立不受审查的媒体来制约执政王的力量。

他的理论显然受美国革命的影响。同时他也是向总议会请愿、要求正式承认美国的团体的领袖。荷兰在1782年承认美国独立。

尽管主张民兵武装,范德卡佩伦·托特登波尔并不支持武力推翻政府。他推崇渐进式改良,尽可能地维持既有法律和传统,还尤其支持成立公民议会,用来制衡摄政者的权力。因为摄政者是执政王任命的地方统治者,易受执政王摆布。范德卡佩伦·托特登波尔的这种想法代表了当时爱国运动的主流思想。起初,他们中只有少数人支持废除执政王制度。

因巴达维亚共和国而遭废黜的执政王威廉五世,作为领导者而言优柔寡断、视野狭隘。其父威廉四世在他3岁时去世,母亲担任摄政。当她于1759年去世,不伦瑞克-沃尔芬比特尔伯爵成为威廉的监护人,即便到了威廉可以就任执政王的成人年龄,伯爵还是通过和威廉秘密达成的《咨政法案》(1766年5月3日)保留了自己的权力,威廉在该法案中实质上将权力弃让给了不伦瑞克-沃尔芬比特尔伯爵。

在第四次英荷战争中,不伦瑞克-沃尔芬比特尔伯爵就美国革命所表现出的亲英倾向,加剧了他和真正的执政王之间的不和。一份爱国运动报纸《下莱茵报》(*De Post van Neder-Rhijn*)在1784年披露了《咨政法案》的内幕,不伦瑞克-沃尔芬比特尔伯爵被迫离开共和国。失去辅佐者的威廉则不知所措。

彼得·保卢斯(1754—1796)所领导的爱国运动成员,还有抱持同样思想的威廉的姻亲们,都试图让威廉考虑民主改革事宜,但这些建议都被他拒绝。于是反对威廉的呼声更高了,尤其在荷兰省,那里的省议会逐渐剥夺了他的权力和地位。1785年,他们剥夺了威廉五世对海牙禁卫军的统帅权,威廉和妻子普鲁士公主威廉明娜(1751—1820)遂离开海牙。他们有一年多时间在其他行省往来游说,最后定居在奈梅亨的沃尔克霍夫城堡。

威廉明娜比威廉更富精力和见识。她向英国汉诺威王室——威廉 119
的母亲汉诺威的安娜(1683—1760)是乔治二世的女儿——和自己的叔父、普鲁士国王腓特烈大帝(1712—1786)两边寻求对威廉的支持。英国承诺道义上的支持，但叔父建议她要么同爱国派妥协，要么离开尼德兰，必要时应离开自己的丈夫。

1787 年，在她兄长腓特烈·威廉二世(1744—1797)继承腓特烈大帝的王位后，威廉明娜动身前往海牙，试图利用爱国运动派之间的罅隙令丈夫恢复地位。但半路上她被豪达的爱国运动民兵阻截，当地行省议会拒绝她继续行程，她只得被迫返回。腓特烈·威廉二世觉得这冒犯了他妹妹，要求谢罪。行省议会拒绝，错误地指望法国人会支持。

1787 年 9 月，一支 2 万人的普鲁士军队开进荷兰，很快攻陷荷兰省，将威廉五世重新推上执政王之位。奥伦治王室和联合共和国的权利由此得靠英国和普鲁士保护。普鲁士帮执政王复辟并没取得什么实质性的成果，反倒令威廉五世仅有的一点尊严和支持也丧失殆尽，给法国 1795 年的入侵打下了基础。法国的入侵终结了执政王制度，开启了民主改革的新时代，给现代荷兰政治奠定了基础。

普鲁士复辟后，成千上万爱国运动者离开尼德兰联合共和国，前往奥地利尼德兰(比利时)和法国。尽管在法国的荷兰爱国运动流亡者深受法国革命的影响，但他们还是继续尝试同尼德兰联合共和国就政治改革事宜达成谈判和解。威廉五世和摄政者们不顾友人和谏客的反对，还是执着于旧有的体制。

1792 年，以法国为一方、奥地利和普鲁士为另一方的战争爆发。奥地利尼德兰(比利时)立即被卷入战争，战火也很快蔓延到尼德兰联合共和国。1794—1795 年间的严冬使水域冻结，靠水防御变得不可能，同时尼德兰联合共和国的爱国运动者发动起义，使得让—夏尔·皮舍格吕(1761—1804)率领的法国军队轻易攻占了这个国家。

威廉和其家族在 1795 年 1 月逃往英国。总议会于 1796 年 1 月 26
120 日废除执政王，宣布巴达维亚共和国成立。新政权使出浑身解数来安抚法国，希望它不要像兼并奥地利尼德兰那样把北尼德兰也吞并。5 月，共和国与法国签署了一份不平等的同盟条约。共和国割地赔款，出让了马斯特里赫特、芬洛、林堡和佛兰德斯，还要赔付 1 亿荷兰盾，并支付 3 万法国驻军的给养费用。

当时与尼德兰处于交战状态的英国开始阻断荷兰贸易、攻占荷兰殖民地。1802 年的《亚眠条约》终止了这一战争,共和国拿回了所有殖民地(除锡兰),奥伦治王室获得 500 万荷兰盾以补偿他们在旧共和国内拥有的财产和官职,并换取他们对新共和国的承认。但和平是短暂的。1803 年法英战火再起,法国强迫巴达维亚共和国与英国作战。

在一共 10 年的历史中,巴达维亚共和国仅为爱国运动所主张的宪政民主建设起了一个头。民主建设需要以法律来规范税收、教育、医疗、农业、贸易和工业,可担任新共和国首脑的政治家们内部分歧太大,无法有效地领导国家。相互对立的政治党派间越行越远,使得制定新宪法的工作一拖再拖,而新共和国需要新宪法来作为立国的基本。在巴达维亚共和国短暂的历史中共发生了 3 次政变。这一政治上的死结被第一次政变解开。

第一次政变发生于共和国宣布成立后不到两年的时候,即 1798 年 1 月 22 日。政变发生 3 个月后(4 月 23 日),一次清除了一切新宪法反对者的立宪大会通过了以法国 1795 年宪法为基础的新宪法。新政府继续清除异己,甚至波及各地方政府。情况很快就发展得如此极端,以至于赫尔曼·威廉·丹德尔斯上将(1762—1818)、第一次政变的协力者,转而前往巴黎为第二次政变寻求支持。第二次政变发生于 6 月 12 日,距第一次还不满 5 个月。

根据宪法选举出的第一届总议会召开于 7 月 31 日。政治权力的平衡很快倒向无限民主专政的支持者,造成新宪法下的又一次政变。1801 年,在斯希梅尔佩南(1761—1825)的进言下,拿破仑命他的特使向总议会提议一部新宪法。第一届议会否决了这部“法国”宪法,但还是将它修订后向选民公开。选民也加以否决,但投票结果仅标明反对票数量,把弃权票全部算作同意票[①]。新宪法就这样被通过了。



① 投票结果是 52 279 票反对、16 771 票同意,大约 35 万票弃权。——译者注

121

拿破仑对荷兰政府的行事方式还是不满意，1805 年再度要求改变。这位皇帝在 2 月份批准了新的斯希梅尔佩南宪法，选民则在 4 月通过。仅有 4%的合格选民(353 000 人中的 14 000 人)参与了投票，反对票只有 136 张。斯希梅尔佩南取代过去领导政府的委员会成为新的政府领袖。总议会的权力也被削弱，权力集中到一人手中，导致了一波给荷兰带来深远影响的新立法浪潮，在巴达维亚共和国消失后很久仍有余波。

各部(省)建立起严格的行政组织体系，共和国的财政中央化，税收的规范标准全国统一。还通过一部关于初级教育的法律，得到国外专家的高度评价。行医规范得以确立，临床和医学教育学校也建立起来。荷兰语拼写和语法规范得以确立。

## 荷兰王国(1806—1810)

但斯希梅尔佩南并没有在位很久。1806 年 5 月，拿破仑再一次改变了统治方针，巴达维亚共和国被荷兰王国所取代。拿破仑觉得，在他同英国的战争中，一个听命于他的君主制国家更为可靠，所以任命自己的兄长路易为国王，这一方法后来也被他用在了其他国家身上。1806 年，约瑟夫·波拿巴成为那不勒斯国王。1807 年，热罗姆(Jérôme)成为威斯特伐利亚国王。

不过路易有他自己的想法，选择服从荷兰的利益而非弟弟的指示。他仅罢免了两名斯希梅尔佩南时期的大臣，也就是说那时通过的法律得到了切实的执行。路易在位时，司法系统按法国模式进行了重组，但也考虑了荷兰的状况。

## 法国统治期(1810—1813)

路易在 1810 年因同弟弟冲突而退位，拿破仑兼并了尼德兰。此
122 后，他的很多计划才得以完全实行。大陆封锁(Continental system)摧毁了除同英国之间的走私外所有的荷兰贸易；法军征兵也变为强制性；更严格的拿破仑法典开始实施。

法国统治整合了诸行省，终结了从前许多政府权力的滥用，确保整个国家的统治协调一致，也确保法律的平等和宗教的自由。可是民众感到政治、思想和商业上的自由受到了严重的侵犯。最终荷兰人受够了法国人。贸易完全瘫痪，债务不断增加，每个人都想逃避法国军队的义务兵役。在 15 000 名同拿破仑军队一起开赴俄罗斯的荷兰人中，只有几百人生还。联军在莱比锡的“民族大会战”(Battle of the Nations, 1813)中战胜拿破仑，得到荷兰人热情的欢呼。

北尼德兰在 1813 年 12 月 1 日宣布独立，由旧奥伦治王室的追随者组成临时政府，威廉五世的儿子被立为新国王——威廉五世是第五任执政王，其子是第一任国王，所以被称为威廉一世(1772—1843)。普鲁士军队和新组建的荷兰军队一起在尼德兰扫清了法国的势力。

## 尼德兰王国

因为英国人希望法国北方有个强大的国家来制约它，1814 年 7 月的《伦敦条约》令比利时和荷兰结合为尼德兰王国。这个新王国包括目前的比利时、卢森堡和 7 个构成尼德兰联合共和国的北方行省，国土覆盖 6 000 平方公里，有 550 万居民。

一部新宪法被提交到总议会和比利时王公贵族手中。虽然大部分比利时人反对，它还是在 1814 年 8 月 24 日正式生效。总议会被分成两院，比利时和荷兰代表的人数均等。这令比利时相对而言处于不利地位，因为比利时人口是荷兰的 7 倍。要真正公平的话，比利时与荷兰代表人数比例应等于人口比例。

威廉一世要维持国家团结可谓困难重重。尼德兰的两部分过去分 123
开得太久，也有不同的发展方向。北部省份希望设高税率来补贴政府，南部(比利时)省份依赖工业，则希望提高关税。比利时人勉勉强强、极不情愿地为北方分担着大量的债务。1815 年，北方负债共有大约 12.5 亿荷兰盾，其中大部分出自拿破仑的剥削，而南方负债仅有 2 500 万荷兰盾。殖民地的收益来得很缓慢，北方行省还因为南方贸易城镇那些微薄的进账而嫉妒。

威廉一世想要令尼德兰成为强大的大陆国家。他的政策以工业化为中心，可是遭到很多北部商人的抵触。他们希望回到旧有的、令他们父辈致富的方式。但世界的力量平衡已朝工业化国家倾斜。北方还是未开发状态；南方则已经完成了工业化。

此外，南方（比利时）诸省信奉天主教。荷兰人已试着对宗教问题进行妥协，可比利时人还是觉得被信仰新教的北方诸省歧视。仅在北方诸省执行的 1814 年宪法明文规定君主必须是荷兰归正会（Dutch Reformed Church）成员，这一条款在同时适行于比利时和荷兰的 1815 年宪法中取消。1827 年 6 月，政府同教皇达成一致，在阿姆斯特丹、布鲁日和斯海尔托亨博斯[①]各建一个新的主教辖区。尽管如此，强大的比利时天主教会依旧对奉行新教的北部怀有戒心。

同时，以瓦隆人（说法语的比利时人）为主的比利时自由主义者，对政府想要让荷兰语成为全国第一语言的举措感到不满，也对国王专断的统治方法感到不满。相比荷兰，他们更喜欢受法国统治。自由主义者和神职人员联合，使得法国的七月革命（1830）蔓延到比利时，发展成以分裂为意图的骚乱。

起初，威廉一世似乎能用武力保障国家的统一。他成功打败了比利时的武装力量，但将比利时和荷兰结合起来的强权英国却自己在 1831 年 6 月 26 日的《伦敦议定书》中宣布比利时独立。有了英国的认可，法国军队把威廉的部队压了回去，到 1832 年圣诞夜，他们已经占领124安特卫普要塞，还与英国人一起封锁了荷兰的海岸。敌对关系一直持续到 1833 年 5 月 21 日《伦敦协定》签署为止。

威廉有很长一段时间拒不承认比利时的独立，为挽回局势而耗空国库，不过 1839 年，这一分裂最终正式成为现实。比利时人要负担的尼德兰债务减少到 500 万荷兰盾，林堡省归荷兰统治，使尼德兰王国行省数达 11 个，这些省份拥有相同的历史和语言。卢森堡通过一项双边同盟协议与荷兰维持联盟关系。

---

① 都是北部城市。——译者注

1840 年，威廉一世为同女伯爵道尔特勒蒙（Countess d'Oultremount，1792—1864）成婚而退位。她曾是 1837 年去世的威廉妻子的侍女。荷兰公众无法接受女伯爵，因为她是天主教信徒，还是比利时人。传媒在王储威廉二世（1792—1849）的怂恿下对她尤其苛刻。

作为新国王，威廉二世所拥有的权力却比他父亲少，而反对他统治的力量迅速增强。与工业化的南方分裂后，荷兰在 19 世纪 40 年代经历了一段萧条期。国民的心声是更多经济自由、更多政治发言权。

1848 年，当更猛烈的革命席卷诸多欧洲国家时，尼德兰却平和地转变为民主的君主立宪制国家。法国二月革命后，威廉二世下定决心，认为宪政改革的时机到了。新的自由宪政给予中产阶级更多权利，使政府大臣对总议会而非国王负责。

王储威廉三世(1817—1890)对新自由宪政持反对态度。新宪政实行后，他放弃继承权，并要求新闻媒体将这个消息公布于众。威廉二世禁止发布这一新闻，一年后他去世时，威廉三世还是继位登基，在位 41 年。1849 年 11 月，显然非自由主义政治同道的威廉三世发觉自己不得不接受一个自由主义内阁，其领导人是 1848 年自由宪政改革的精神领袖约翰·鲁道夫·托尔贝克(1798—1872)。威廉二世选择托尔贝克担任获授权起草新宪法的委员会主席，而这部宪法明显有托尔贝克的烙印。在荷兰 19 世纪中期的保守政治环境下，这一宪法相当超前。1848 年宪法最显著的变革是：

- 创立二院和市政议会直选制度，缴税达一定额度的人即有选举 125
资格；
- 二院代表任期 4 年，每 2 年要更换其中的半数成员；
- 一院代表由省议会任命，任期 9 年，每 3 年要更换其中三分之一的成员；
- 赋予总议会质询内阁部长的权力；
- 创立部长对总议会负责的制度。

这些变革加强了总议会的权力，并削弱了国王的权力。从前，一院成员由国王任命，任期终身；部长对国王负责，而且要应付的选民数量也较少。

托尔贝克在任的第一届政府期间，有关集会权、行省和市政府的组织以及法院重组的法律得以通过。废除贸易特权、缔结新的贸易条约、开凿运河和拓展铁路使海上贸易复苏，国家的经济状况得到了改善。托尔贝克政府还监督政府缩减开支、改革邮政和转换债务。

托尔贝克的首届政府在 1853 年倒台，因为新宪法曾担保政府会取消对天主教会的管控。可当教皇庇护九世宣布将在荷兰设立 5 个新的主教辖区时，新教徒对此很反感，集起 25 万个签名反对天主教回归，并向国王请愿。威廉三世对请愿报以认同的态度，托尔贝克不得不递交辞呈，威廉也乐于接受。

不过即使是作为总议会反对派的领袖，托尔贝克也继续对国内政策施加相当大的影响。1862 年，他再度被威廉三世指名组阁新政府。在这届政府期间，他力促西印度殖民地废除奴隶制，但是在 1866 年，当
126 他试图消灭爪哇岛始于 1830 年、强征劳役的封建体制时，激进自由派与托尔贝克的反对党合作，令他再度下台。

托尔贝克在 1871—1872 年第三次领导政府，出任内务大臣。这次的出仕因强制兵役问题而失败，当时荷兰面临德国不断增长的军事威胁。他的辞呈在 1872 年获政府同意，他也于不久后去世。

## 学院斗争

公立和私立学校的争端是 100 多年间(1808—1917)荷兰政治辩论的关键和典型议题。争论的焦点首先是宗教学校与公立(世俗)学校是否有共存权利，后来转向是否为两者提供平等的国家补助。

在巴达维亚共和国时期的 1806 年，《范·登·恩德教育法》(Van den Ende Law on Education)创建了公立学校教育体系，由市政府运营，以基督教为主旨，但不偏向天主教或新教。该法同时允许成立私人或私有组织运营的**特殊**(*bijzondere*)学校。开办特殊学校需要市政当局的许可，可市政府很少颁发许可，结果教育实际上被国家垄断。这一

实质上的垄断持续到标志荷兰现代民主开端的1848年新宪法颁布为止。

天主教派是为特殊的、宗教性质的学校争取利益的先锋，本质上此争端是八十年战争中诉诸武力的天主教和新教争夺宗教主导权斗争的非暴力延续。学院斗争(Schoolstrijd)中最早的文字攻击由天主教议员利奥波德·范·萨斯·范·约塞特(1778—1844)在1825年的一篇演说中发起，这篇演说呼吁给教育自由。他所说的“自由”是指不但能自由教导基督教教旨，也能自由地在天主教学校中向天主教学童讲授天主教教旨。

自由派政治家托尔贝克起草的1848年新宪法移除了开办私人学校的限制。他所撰写的、有关学校的宪法条目被大部分其他自由派政治家反对，他们希望维持国家对教育的垄断，目标是让荷兰民众团结一致，而允许宗教学校存在只会令存于民众间的宗教裂痕无法消弭。

19世纪中期的荷兰自由派成员并非民粹主义者，而是知识精英 127
派。他们的政策旨在促进整体利益，将国家置于地区利益之上。自由派所期望的世俗学校，能让具有任何信仰的学生都在同样的教室中上课。他们希望学校为每个人提供获取知识的工具，让他们凭自身的意志决定宗教信仰，而不被学校作任何宗教灌输。

因为反对开办天主教学校，大部分新教政治家站在自由派一边。他们希望有一种带有新教色彩，但不直接教导新教教义的公立学校体系。担任乌特勒支大学教授的新教政治领袖米尔德(1802—1880)对威廉三世施加影响，让他同意了1857年的《范·德·布吕根教育法》(Van der Brugghen Law on Education)。该法本质上是1806年《范·登·恩德教育法》所采用的教育政策的延续，赋予公立学校的使命是给学生灌输“基督教的和社会的美德”，但特殊(宗教性的)学校不能获得任何类型的国家支持。

这部法通过后，学院斗争进入了第二阶段，辩论的焦点转移到国家对私立学校的补助问题上。1864年的教皇通谕“何等关心”(Quanta Cura)和1868年荷兰主教的宣诏，都倡议天主教徒不要让孩子就读公立学校，这使得特殊学校的国家补助问题成为天主教徒的大是大非问题。新教反对革命党(Protestant Anti-Revolutionary Party)也认为一个旗帜鲜明的新教主义教育系统不能缺少国家的支持，并在亚伯拉罕·凯珀的领导下，将学院斗争作为其发挥的舞台之一。

1878 年的《卡派涅教育法》(Kappeyne Law on Education)设立了新的标准，显著增加了一所学校运营所需的成本。这一新法令特殊学校获取平等地位的斗争变得更为激烈，也将历史上互为大敌的新教和天主教联合到一起，以把双方一致关心的事业继续下去。联合后，他们得以从 1885—1925 年对政府施加控制。

新教徒和天主教徒希望他们的孩子按其父母的信仰获得教育和道德价值观，认为能选择子女教育的类型是一项基本人权。国家教育政策的定义就列在荷兰宪法第一章“基本权利”的第二十三条。

首届新教—天主教联合内阁在埃涅阿斯·麦凯(1838—1909)的领
128 导下成立，成功通过一项修正案，给予特殊学校有限的政府补助。下一届由凯珀和特奥多鲁斯·海姆斯凯克(1852—1932)所领导的联合内阁数次成功增加了特殊学校的补助额度。最终，该内阁在 1917 年对宪法进行修订，在法律上完全确认公立和私立学校的财政平等权。1920 年通过《德菲瑟教育法》(De Visser Law on Education)后，国家政府要对所有儿童的教育经费负责，无论他们所就读的是哪种学校。

政府设定教育设施、班级规模、教育主题、教师资格和所有学生均要通过的测验标准。但政府不能明确规定教材或影响教师任命，所有政府规范必须考虑到特殊学校的宗教信仰问题。政府可以强制要求必须学会读写荷兰文，但不可强制要求必须用哪种课本学习。学校祷告是每所学校的内部事务而非国家政策。有了国家给所有学校的资金支持，父母就有权将孩子送往任何他们中意的学校，将市场机制带入受国家补助的学校的运营之中。无法吸引到最低限度数量学生的学校会失去资金支持并关闭。

此后，学校会利用开拓性的教学方法，也利用法律，来获取国家的资金补助。今日，国家补助对象不仅有天主教、新教、穆斯林、印度教和犹太学校，还有蒙台梭利、道尔顿(Dalton)、耶纳实验(Jenaplan)、佛勒内(Freinet)、免费学校等特殊学校。

## 选举权

全民选举是自由派政党的政治纲领，是他们反击宗教党派一项重要政治主张——世俗和宗教学校应获得平等的国家补助——的武器。这两项事务完全主宰了荷兰1857—1914年间的国内政治。当第一次世界大战在中立的荷兰国土外肆虐的时候，立法进程中的每一步进展都离不开这两个党派间的政治和解。宗教派为全民选举权投票，以换取自由派为平等的国家教育补助投票。

双方的相互妥协在1917年获得了相当的成果，这离1864年“何等关心”通谕将国家给特殊学校的补助问题变成天主教的是非问题、宣称自由派为非基督教仅仅53年而已。不过自由派还算不得基督教会的好朋友。早期自由派推崇普选权，但反对教会干预政治，希望将投票权 129
局限在城市居民中，因为他们视城市居民为受过更好教育、“没有被教会拿项圈套住”的人。

1798年宪法将选举权扩大到20岁以上、满足一定要求的所有公民，所谓一定要求，就是譬如宣誓效忠执政王之类。但1814年宪法反其道而行，规定选举权要“基于人口普查”的结果。在这一体制下，选举权取决于公民的纳税额和受教育程度，只有缴纳足够税金、接受过一定教育的人才能投票。这是罗马法的余韵，罗马人每5年进行一次普查，记录下所有公民的姓名、年龄和财产状况，一个人所拥有的权利与其拥有的财产成正比。这是所有西方议会民主国家在19世纪大部分时期所采用的体制。它确保有所成就的人能控制国家的政治活动。托尔贝克的1848年宪法修正保留了这一体系，但确实令更多人拥有了选举权。在托尔贝克第一次当政期间，投票人数几乎翻倍，从55 000增长到100 000——相当于近3.5%的成年人口。

反对普选权的力量十分强大。1878年，首相卡派涅·范·德·科佩洛(1822—1895)表达其反对意见时，以实行普选的美国所发生的情况作为例子。在他看来，普选制是“行贿、暴力和欺骗的温床”[1]。他希望有生之年不用看到这一切在荷兰发生，但还是亲眼见到了。

1887年宪法修正将选民人数拓宽到成年人口的29%。1896年宪法修正进一步提高到49%。教育体系的改善和国家良好的经济状况自然而然地增加了选民人数，但至1916年，仍然只有70%的成年荷兰男子有权投票。一直到1917年宪法修正才将全面的普选权给予男性，也撤除了女性参政的障碍——但女性直到1922年才获得选票——并彻底将公立和私立学校的财政平等予以法律化。该修正案得以达成这三点变化，离不开宗教右翼和自由左翼所达成的政治和解。

虽然自由派是扩大选举权的主要提倡者，却是选举权扩大后失去票数最多的。他们在1888年选举中遭受挫败，1917年普选制建立后，
130 宗教党派(现在已组成了基督教民主联盟)获得大权，并持续到1994年**紫色**内阁因政治现状令人不满而成立为止。

---

① 转引自 Klaas Jansma and Meindert Schoor, eds., *10,000 jaar geschiedenis der Nederlanden* (Lisse: REBO Productions, 1991), p. 339。

# 第十章　战争、危机和恢复 131

## 第一次世界大战

国王威廉一世固执地拒绝承认比利时的独立，令荷兰在1830—1839年间陷入战争。缓慢但确实地，军队时刻处于备战状态的高开支令威廉失去了荷兰民众对比利时战争的热情支持，这一热情来自十日战役（1831）的成功和扬·卡雷尔·约瑟夫斯·范斯派克（1802—1831）的英雄事迹。1839年，威廉终于承认比利时，成为卢森堡大公，在当地居民的强烈反对下兼并了林堡东部。由此，荷兰进入延续近一个世纪的孤立主义时期。外事部成了内阁中遭冷落的对象，中立政策受遵循，军事被冷落一旁。

当大战——人们当时还没有为世界大战编号——于1914年爆发，德国决定不从荷兰领土进攻比利时，令荷兰大大松了一口气。德国尊重荷兰的中立，部分因为这获得英国的保障，部分因为德国军官认为中 132
立的荷兰会是德国西线最好的防御，同时还有一定经济价值。不管如何，比利时军队很弱，仅仅为了拔掉列日要塞而穿行荷兰领土并不值得。英国同样不想把荷兰带入战争。他们知道德国能轻易占领荷兰，切断英国从斯海尔德河抵达比利时海岸港口的通道，而他们最终是在比利时海岸登陆军队的。

战争给荷兰制造的最大问题是难民。第一波难民潮出现在 1914 年 8 月 4 日—6 日，进入荷兰境内的有 6 万～8 万难民，主要是不得不离开比利时的德国人。大体而言，第一次难民潮没有造成太大的困扰，因为他们只是途经荷兰前往德国。

第二批难民是德国军队进军路线上的比利时人。安特卫普陷落时，超过 100 万比利时人越境进入北布拉邦和西兰。当比利时的状况稳定下来，这些难民又开始返乡。到 1914 年 11 月 1 日，仅有 32 万人仍没有回去，这一数字最终跌至 10 万左右。

第三批难民在 1918 年 10 月为避开撤退的德国军队抵达荷兰，当时至少有 4 万人，主要来自法国北部。这些难民很快在法国政府的帮助下被遣返。不过，直到 1919 年 2 月难民营才完全清空。荷兰政府为接纳难民所耗开支总共是 3 700 万荷兰盾。

甚至在二战爆发后，荷兰仍恪守其严格中立政策，但德国在 1940 年 5 月进攻荷兰，给其中立画上句点。

## 大萧条

19 世纪下半叶，中立政策和孤立主义帮助荷兰避免了欧洲别处发生的诸多冲突(如 1870—1871 年的普法战争)。荷兰甚至取得了可观的经济成果。

19 世纪末期荷兰社会实现了很多进步，自 1870 年开始了一段繁荣的时期。荷兰在美国内战后向美国南部提供了重建贷款。资金集聚得很快，开始投向印度、俄罗斯和中欧，但更多流向飞速增长的美国。在世纪之交，工业和农业完全实现了现代化。荷兰小麦种植者发觉他
133 们无法与美国中西部的农民竞争，遂转向乳品业(奶酪)和园艺(花茎)出口。运河及铁路得到建设，重要港口完成现代化。荷兰成为世界上商船规模最大的国家之一。

1922 年的经济危机和始于美国 1929 年证券市场崩溃的大萧条，令这段繁荣期终止。这场 30 年代的经济危机对荷兰的影响比对周边国家更严重，其后遗症也持续得更长。因为应对得当，荷兰经济在一战

时相当不错,可被此后的政治动荡拖了后腿。荷兰出口量因来自德国和日本的竞争而急剧下降。农产品的价格全面走低,也令这一行业的利润减少。德国粮食自足的新政策又剥夺了荷兰农民在那里的市场份额。

电力、内燃机、飞机、无线电通信和电影问世于这一时期。荷兰经济处于从农业向工业的转型期。1899—1930 年间,从事工业的人数从就职人口的 33.8%攀升到 38.8%,农业人口则从 29.6%跌落到 20.6%。荷兰重工业欠缺自然资源(除煤炭),很难有竞争力。但是轻工业——例如人造丝纤维、化工品、肥料、无线电设备和电器制造——则获得了成功。

战前的繁荣带来更高的生活标准,此外收入的增长比通货膨胀更快,使荷兰产品无法在国际市场上竞争。随后法国、比利时、英国、斯堪的纳维亚和美国的货币都贬值,荷兰商品更无法打入市场。如其他欧洲国家一样,荷兰因给德国提供重建贷款而遭受财政损失,德国后来失去了偿还外债的能力。有大量荷兰资金投向美国证券市场,令阿姆斯特丹股市对华尔街非常敏感。

荷兰政府发现不得不实行经济保护政策。从 1933 年起,政府通过降低工资、刺激经济来向世界价格水平靠拢。六度担任首相(1925 年,1933—1939 年连任五届)的亨德里库斯·科莱恩(1869—1944)顽固地守持金本位,延长了荷兰的金融危机,而其他国家的经济早已开始改善。他的政策显然错误,失业率攀升,巅峰时无业人口将近 40 万。1936 年 9 月,荷兰终于停止将本国货币同黄金挂钩——欧洲最后一个
这么做的国家,荷兰盾马上贬值了 22%。出口和商业马上获得改善。 134
因为战争的威胁更明朗化,政府的军火订单也对减少失业有所帮助。

荷兰所出现的状况,与富兰克林·罗斯福(1882—1945)新政前美国的状况是一样的。可是作出这些改变所需要的政治决断力却并没有在荷兰出现。奉命占领荷兰的莱希总督阿图尔·赛斯-因夸特(1892—1946)在 1940 年给阿道夫·希特勒(1889—1945)的第一份报告中说得不错:“荷兰政治上停滞不前,经济上死气沉沉。”作家扬·罗梅因和安

妮·罗梅因将这一状况的主要原因归结为“视经济要素独立于社会要素之外。民众无法想象，若企业家不最大化利润会有何繁荣可言。民众没有看到，经济政策最终必须由整个国家的兴衰所左右”[1]。尽管带来了莫大的伤害，德国占领期确实给荷兰政治重新输入了活力。战争结束后，荷兰在政治和经济两方面都以罗斯福新政的方式进行了重建。这场战争是政治上的分水岭，保护主义被欧洲一体化取代，福利国家诞生了。

## 第二次世界大战

1940 年 5 月 10 日，纳粹德国陆军入侵尼德兰，荷兰的中立主义被终结。5 月 14 日，德国空军轰炸鹿特丹，该城港口的大部分设施以及停泊或在建的船只都被摧毁，超过 40%的城区被夷为平地。鹿特丹遭空袭后，荷兰被迫投降。威廉明娜女王(1880—1962)与王室和政府一起逃往英国。德占期的 5 年，荷兰流亡政府就在那里继续运作。

阿图尔·赛斯-因夸特，希特勒信赖的友人、荷兰占领区莱希总督，是占领期间该国民政最高权威。他最后因反和平及违反人道罪在纽伦堡审判中受审，被判有罪，处以绞刑。

德国视荷兰人为日耳曼人的同类，对待他们的手段与对斯拉夫人
135 (即俄罗斯、波兰、乌克兰人)不同。他们希望说服荷兰人在战争中站到德国一边，但荷兰人并不接受国家社会主义思想。1941 年起，亲善的、“兄弟般的”方法被完全放弃。1941 年 2 月，荷兰发生罢工，抗议德国的反犹太行径。罢工始于阿姆斯特丹并扩展到其他城市：韦斯普(Weesp)、希尔弗瑟姆和德赞斯提克(de Zaanstreek)。荷兰共产党(Communistische Partij Nederland, CPN)是其发动者。虽然荷兰人对荷兰共产党极不信任，该党反对德国的鲜明立场还是压倒了这份不信任，战前可能永远不会支持该党的民众也加入了罢工。首先停

① Jan Romein and Annie Romein, *De lage landen bij de zee: een geschiedenis van het Nederlandse volk* (Utrecht: W. de Haan, 1949), p. 636.

止工作的是阿姆斯特丹的铁路工人,随后是白领和蓝领。学校无人,敢于驶离车站的电车被掷以石块。警察几乎没什么行动。在赞德福特(Zandvoort),德国只好动用党卫军骷髅营来镇压罢工。

不幸的是,在这场战争的其他时候,荷兰并没有如此尽力地支持犹太人。新闻记者赫尔曼·武艾瑟在他最近一本书中计算了犹太死亡人数。

> 75%的荷兰犹太人口被德国屠杀,这在包括德国在内的所有西欧国家中是最高的。比利时和挪威有40%,法国是25%,意大利为20%,丹麦为2%。得以藏身的犹太人比例在德国和波兰都比在尼德兰要高。比利时和尼德兰都有25 000名犹太人成功藏匿,但在战争开始时,比利时只有66 000名犹太人,而尼德兰则有140 000。[①]

不过一桩有名的故事发生在该国:一名犹太女孩和她的家庭及若干朋友,在阿姆斯特丹某屋宇中一个书架后的密室里躲避纳粹。《安妮日记》(*The Diary of Anne Frank*)已被译成多种文字出版。但战争即将结束之际,她被查获并送往集中营,永远没有回来。谁出卖了弗兰克一家?这和战时谁"是"谁"非"(合作通敌)的问题一样,在荷兰仍是个令人关心的话题。

战局在1944年夏季转变。盟军6月6日登陆诺曼底,讽刺的是,那天是陆军元帅埃尔温·隆美尔(1891—1944)之妻的生日,而他负责 136
的正是法国海岸一线的防务。到了9月,荷兰在南部迎来了第一个地区的解放。但盟军的推进被阻止,因为"市场花园行动"没能占领具有战略价值、位于阿纳姆的莱茵河大桥。居住在莱茵河以北的荷兰人不得不等到1945年5月方获解放。其间的那个冬天现在作为**饥饿之冬**

---

① Herman Vuijsje, *Correct weldenkend Nederland sinds de jaren zestig* (Amsterdam: Contact, 1997), p. 117.

(*hongerwinter*)而被人铭记。

为支援盟军推进,遵照流亡政府的要求,荷兰铁路在 1944 年 9 月举行了罢工。这一罢工瘫痪了铁路系统,德国人不得不在市场花园行动中依赖自己的人力和设备。不幸的是,这次罢工同样意味着占领区的民众遭受到更深的苦难,因为占领区的食品和燃料供应需要铁路运输。

对德国及其二战期间所作所为的怨恨在荷兰延续了很长的时间,现在仍然可以清晰地察觉到。5 月 5 日的解放日仍有丰富的庆祝活动。因为德国人在战争中的行为,荷兰人仍拿他们作为玩笑中戏谑的对象。仍有关于战争的电影和书籍问世。关于在占领期与德国人合作的人是否应从政府获得养老金的问题,在 20 世纪 80 年代有过激烈的争论。随着经历过战争的那代人渐渐逝去,对德国人的负面态度逐渐减弱,但年轻一代中有相当数量的人还是持有这份感情,所以并不会完全消失。

## 重建

盟军不仅带来了自由,也带来了富足感。无论何时,只要某个地区有军队,就有许多面包,士兵似乎总有很多巧克力和卷烟——在战时是稀罕的奢侈品——也乐意分享。但军队离开后,这种富足感也跟着消失了。配给制一直持续到 20 世纪 50 年代。荷兰经济一团糟。战争期间,国债从 50 亿荷兰盾升到 230 亿。

基础设施满目疮痍。德国人把能带走的一切搬到了德国,包括机器,有时是整个工厂被拆解。各种金属,包括教堂的大钟和铁轨,被拿走以支撑德国的战争。铁路系统被完全破坏,阿姆斯特丹和鹿特丹港
137 一片狼藉,运河和水道塞满了各种凿沉的船只用来阻碍德国人,荷兰众多运河和河流上的桥梁被摧毁了许多。50 万人无家可归,150 万人所居住的家宅受到战火的破坏。八分之一的人只有身上那一件衣服可穿。汽车稀稀落落,拉犁的是马而非拖拉机。

战争结束后,荷兰进入一段政治和经济的重建期。政治重建是指

搜寻、惩罚通敌者,举行大选,在所有层级重建政府。经济重建是指修复战争创伤,为无家可归者提供住房。

## 荷兰在东印度(印度尼西亚)的战争

日本在二战中占领荷属东印度(印度尼西亚),终结了荷兰的殖民统治。1945 年 8 月 15 日日本投降后,权力移交给了印尼民族主义者苏加诺(A. Sukarno,1901—1970)和哈达(M. Hatta,1902—1980),他们立刻宣布印尼独立为共和国。然而荷兰希望恢复对这些岛屿的殖民统治。殖民地在战前的经济中是重要成分,很多人确信若失去东印度,国家的繁荣将一去不返。

1945—1949 年间,荷兰向荷属东印度派出超过 12 万正规军,以图恢复战前的权力秩序。敌对状况从 1945 年 10 月 14 日持续到 1949 年 5 月 7 日,使荷兰付出伤亡 4 751 人的代价。荷兰最终因国际压力——尤其是来自美国的压力,他们威胁停止马歇尔计划的拨款——而放弃并于 1949 年 12 月 27 日承认了印度尼西亚的独立。

对东印度的军事行动给荷兰带来两个无法预见的副作用:首先,成千上万在东印度服役的年轻人无法在二战后立刻加入国内劳动力市场,延缓了战后恢复的进程;其次,他们从东印度返回荷兰后,使得荷兰的战后婴儿潮更为严重,比其他国家延续得更久。

## 马歇尔计划

二战结束时,美国没有犯下英国在拿破仑战争结束时的错误,而是帮助被战火肆虐的欧洲重建了经济。英国在拿破仑战争后的不作为使欧洲持续贫困,而英国商品找不到出口市场,令英国自身爆发了经济危机。但美国在 1948 年启动了马歇尔计划,为西欧(东欧国家拒绝参与)提供超过 116 亿美元的贷款和援助。1948—1954 年间,美国给了荷兰 11.27 亿美元的援助,相当于每人 109 美元。英国和法国获得更多(31.7 亿美元和 34.2 亿美元),但从人均来看则比荷兰少,英国为 62 美元,法国是 71 美元。德国获得 13.8 亿美元,比荷兰多,但人均仅有 138

28 美元。在 1953 年的大洪灾中，美国承担了 11 亿荷兰盾损失中的 4 亿。

马歇尔计划不仅给经济，也给政治和社会带来冲击。当国际局势不断紧张、进入冷战之际，它强化了美国和西欧的关系。它改善了民众的经济福祉，也减少了西欧人对共产主义的政治诉求。它是欧洲经济合作组织(Organization for European Economic Cooperation, OEEC)成立的契机，该组织在一定意义上是欧洲经济共同体(EEC)的前身，而欧共体又是欧盟的前身。它也有助于美国文化价值观在荷兰的传播。

文化价值观是提供给受益国的“马歇尔精神援助”的一部分。由工人、经理和工会成员组成的“生产力小组”被送往美国，了解美国所掌握的科学技术。经济和精神援助的结合非常有效。1947—1953 年，荷兰工业生产力提高了 56%，至 1952 年，荷兰被视作欧洲最亲美的国家。生产力小组不仅见到了美国人的工作方式，也见到了他们的生活方式，那些深刻印象同时影响了荷兰的家庭和工厂。受美国富足生活的影响，被视为奢侈品的商品开始出现在荷兰家庭中。洗衣机、真空吸尘器、电熨斗和冰箱——在 1950 年，仅有 0.7%的荷兰家庭拥有电冰箱——开始用美国的生产技术在欧洲生产。50 年代，阿尔贝特·海因(1927—　)开办了首家基于美国模式的自助超市，彻底改革了荷兰的零售业。

在政治领域，美国新政时期的社会立法给社会民主主义者和工会留下了深刻印象。罗斯福总统早在 1935 年就为部分美国群体创立了
139 社会保障制度，比荷兰将之立法化要早 20 年。荷兰以美国的理念建立起这一制度，并加上了鲜明的荷兰特色。

但是，也有对过度美国化提出警告的声音。在 1947 年促成首个政府拨款的养老金制度的首相威廉·德雷斯爵士(1886—1988)，钦羡美国人的乐观主义和慷慨，但不喜欢美国人“挥霍无度”的生活方式，认为美国人对汽车太过依赖，忽视了公共交通。小说家亨利·米勒(1891—1980)所写《空调下的噩梦》(1945)一书中描述的美国室内冬季的温热

和夏季的凉爽，令德雷斯的妻子感到恐惧。德雷斯的观点是，美国人太过耗费能源，荷兰人不应试图模仿。

两次世界大战之间的岁月中，美国的生活方式也曾受到指责。20年代和30年代，荷兰知识分子，如约翰·赫伊津哈(1872—1945)和门诺·特尔布拉克(1902—1940)，对美国文化不屑一顾，视之为肤浅和平庸。那时荷兰人对美国的兴趣源自19、20世纪之交移民到那里的亲属对那个国家的描述。战后，兴趣则来自上述的马歇尔计划中的精神援助。在两个时期中，批判的声音都主要来自知识分子阶层。

## 荷兰的美国化

马歇尔计划的精神援助有十分明确的文化目标，是美国的欧洲公关项目。精神援助这一部分由美国新闻署(United States Information Service, USIS)管辖。USIS 提供廉价的美国文学译本，尤其是"准确刻画"美国生活的文学作品，为影院中放映的新闻片(电视普及前主要的新闻来源)提供材料，安排新闻记者前往美国，为电子媒体提供素材。当荷兰由于缺乏硬通货而决定不购买美国影片时，部分马歇尔计划的资金被专门拨用于这一需求，荷兰获得了最低的购买价格。女性杂志《雏菊》(*Margriet*)中的第一张彩色照片是美国影星的相片。唐老鸭连环漫画在1952年引入荷兰，总发行量已有30万，现在仍在增长，虽然在美国已不再印刷。《读者文摘》(*Reader's Digest*)也是在这一时期首度进入荷兰。

60年代，荷兰有与美国一样的代沟问题。婴儿潮时期诞生的一代人满腹牢骚，从美国和英国的摇滚乐中看到了自己。60年代、70年代的社会骚动也伴随美国摇滚乐而来。美国民权运动的游行和示威集会通过全新的电视媒体被荷兰人直接照搬，对越南战争的抗议接踵而至。被贴上"反美国化"标签的，其实是美国街头和校园事件的复制品。实际上，这是反正统主义。荷兰年轻人喜欢穿李维斯(Levis)——终极美国流行风格的代表——听鲍勃·迪伦(1941— )，他的歌词俘获了当时美国玩世不恭、愤怒和冷漠的年轻一代。在抗议荷兰领土部署巡航 140

导弹的集会期间，民意调查表明 75%的人支持荷兰参加北大西洋公约组织，差不多同样多的人称他们为亲美人士。

今天，所有人的电脑上都有微软操作系统。美国电影统治着影院；商业电视频道，例如 SBS6、RTL4 和 RTL5，与美国电视几乎难以区分；谈话节目的主题相似；你能看到加了字幕的《奥普拉》(*Oprah*)，然后从荷兰国内的脱口秀节目中听到与之类似的话题。

游访荷兰的美国人会遇见各种各样熟悉的东西：直接译自美国版本的电视商业广告；以英语播出、附荷兰语字幕的美国电视节目；老艾尔巴索(Old El Paso)墨西哥肉饼和可口可乐之类的产品(荷兰人称碎巧克力饼干为“美国饼干”)；康柏、必胜客和麦当劳等美国企业。

对很多荷兰人而言，麦当劳是美国文化入侵荷兰的标志。荷兰人对麦当劳的扩张报以鄙夷和羡慕相混合的情感。对他们来说，在麦当劳用餐最主要的感受是方便，对几乎一切其他美国货所抱的感受也一样。麦当劳快捷、便宜，没有刀叉和餐桌礼节的麻烦。实际上，荷兰共有 154 家麦当劳(截至 1997 年 5 月)，但这一连锁店在那里并不总是如此成功。70 年代，部分麦当劳连锁店因生意冷清而关闭，人们觉得在那里毫无风度地吃饭太过于美国化了。总是领导着创新的连锁超市阿尔贝特·海因撤回了对该美国公司的投资。直到 80 年代前期，其业务才开始蹿升。那一时期，麦当劳开始举办慈善活动支持公益：麦当劳
141 图书馆(McLibrary)、麦当劳之家(McDonald's House)和麦当劳植树(McTree)活动都有助于令荷兰公众接纳麦当劳。

阿纳姆的麦当劳植树项目旨在筹集钱款，为该市成立 750 周年纪念进行植树活动。当时的首相德赖斯·范·阿赫特(1931—　)和当时议会成员约里斯·福尔胡弗(1945—　)、埃丽卡·特普斯特拉(1943—　)一起，在柜台后站了几个小时售卖汉堡，以求捐助者为此项目捐款。这令在麦当劳就餐获得了更多的认可。今天，麦当劳同时提供薯条和辣花生酱——这是终极的荷兰快餐体验。尽管看起来似乎和原来一样，但总有些荷兰式的改变。麦当劳的概念也许来自美国，但在荷兰生根
142 后，早已并非 100%的美国味了。

# 第十一章　福利国家的兴衰 143

## 福利国家的兴起

荷兰语中的**福利国家**是*verzorgingsstaat*；照字面含义，指"担负照料职责的国家"。除了在经济困难时期保护国民，荷兰的福利制度还试图重新分配国民收入，令每一个人都分享到国家日益繁荣的果实。在其巅峰，它的目标是无人需要担心生活所需。荷兰福利制度源于经历过大萧条和二战时期政治家的想法，获益于40年代、50年代和60年代的经济成功，只是萧条后和战后的、自我中心的一代人的过度索取给它带来了伤害。

20世纪50年代荷兰才首度理解经济繁荣的概念。战后，消费品十分稀缺。配给制持续到50年代。例如荷兰人十分喜爱的咖啡就一直采取配给制到1952年。此后，荷兰的经济状况得以改善，荷兰人很快发觉他们是富有的。战后重建的成功超过了他们最乐观的预期。有可以购买的东西，也有购买所需的金钱，消费社会就此诞生。

二战结束后上台的政治家对未来的估计趋于保守，他们对战后重 144
建的原本目标是将经济、政治和社会构架恢复到战前和大萧条以前。而经济重建的成功令变革成为可能，结果就诞生了福利型国家。

威廉·德雷斯爵士是荷兰50年代政治家中的代表人物。他在

1948—1958 年间担任首相，福利制度在这段时期打下了基础。德雷斯是老派社会主义者，从小受加尔文主义教育的影响，烟酒不沾，骑自行车上下班，行事一丝不苟。他经常被形容为严厉但公正、如父亲一般的人物。作为工党领袖和首相，他领导着战后强大的天主教—社会主义联盟，即 PvdA 和 KVP 的联合党团。这位注重实效的理想主义者一砖一瓦地构筑起了荷兰福利制度的基石，奋力为所有人提供一个稳固的、以充分就业为基础的社会保障体系。他明白不可能同时做所有的事，所以循序渐进地朝目标前进。

德雷斯最出名的形象也许是荷兰社会养老保障体系之父。这一体系始于 1947 年的《德雷斯紧急法案》(NoodwetDrees)。1957 年，在 PvdA 成员、卫生与社会事务大臣苏尔霍弗(J. G. Suurhoff, 1905—1967)的努力下，该法进一步演变为《全民养老金法案》(Algemene Ouderdomswet, AOW)。今天的年轻一代已把 AOW 视为行将就木的社会体制，自己寻求晚年的经济依靠，可对于大萧条和战争时期的那代人，AOW 的创立是社会政策变革的里程碑，也是福利社会的里程碑。

在经济的持续发展下，改善福利的乐观和信心不断增长。1948—1962 年间工业生产力翻番。社会相当和谐，舆论高度一致。只要经济持续增长，就没必要去争夺什么资源，所以社会舆论很容易一致。每个人都能得偿所愿。荷兰福利制度的问题始于资源开始匮乏的时候。

各自孤立但平等的柱群是构成当时社会的砖石，而共识与和谐则是把社会黏合在一起的砂浆。柱群令社会维持着小集团的划分，这些群体内部的约束力能够维持一定的秩序。更大的群体约束力就更弱，终至完全消失。

60 年代早期柱群的崩溃改变了每个人所属群体的大小。群体越
145 大，每个成员的责任感就越小。成员对群体的责任感越小，则群体对其成员的责任感也越小。当群体大到一定规模，其成员个体在人群中无法彼此区别，群体对个人行为的约束力就消失了。结果，社会取向从最大化群体(柱群)利益变成了最大化个人利益。

在荷兰,政府对60年代和70年代的抗议活动做出的反应使得这一结果更加严重,那时的抗议针对制定并执行各种堪称荷兰社会标志的规范的权力当局。对于一个可以让“软毒品咖啡店”、同性婚姻、安乐死等事物存在的国家,严格的规范听来似乎格格不入,但荷兰社会确实是一个规范化的社会。上面提到的这些都有规范,关键的差别在于执行。

60年代和70年代的抗议活动造成的结果是政府变得越来越温和;但无数的规范还是存在。当局和其他人一样有自我保护意识,不想如社会主义哲学家卡尔·马克思(1818—1883)预言的那样逐渐走向消亡。若当局不制定规范就形同失业。他们为了保住自己的地位而继续制定规范,但改变了执行规范的方式。中央政府积极的主动执行变成了民众的自我执行。只要有可能,当局都抱着每个人应自我管束的态度。若发现一部法律或规范没有得到遵循,会更改法律规范去贴合人们的所作所为,而非让人们去符合法律规范。

因为相信社会可以自我管束,公交售票员都为节省开支而被撤除。没有这些“额外”薪水要支付后,公共交通的运营变得更廉价。但结果是非法——不付费——搭乘公共交通的人数达到历史新高,财政收入也因此降低。90年代早期,情况开始转变,规范在公共交通中重新得到贯彻。从失业人口中选任的查票员开始“袭击”电车和巴士;堵住所有的出口,检查每人的车票,给没票的人开罚单。可躲避罚款非常简单,只要报一个假名,说没有带身份证就行了,所以1995年出台了《义务身份验证法》(Wet op Identificatieplicht)。荷兰是最后一个立法要求个人主动出示合法证件表明身份的欧洲国家。

改变规则以贴合公众行为是非常荷兰式的做法。对于一个自我管 146
束型社会,这样的结果不难推断。几乎每一条规则都会有例外。若所有人都遵守,或所有人都能豁免,那规则执行起来都会简单得多。这就是荷兰“软”毒品政策存在的前提。

当一名荷兰人遇到一条新规则,他的第一反应是高呼**“总有办法对付”**(*Het zou toch moeten kunnen*)。他们都知道每条规则都有例外。

你只需到城里看看交通信号灯就知道这种现象有多泛滥：禁止进入！某人说，自行车除外；禁止泊车！另一人说，有许可证的除外。

在荷兰，表示绝无例外的最最明确的方法是设置物理障碍，使人无法违规。若当真禁止在一条狭窄的乡间小道上开车而不管你有什么理由，那么在道中央会有一根柱子挡住你的去路，柱子上方有“禁止进入！”的标示，提醒你“有根柱子在路中央”。若当真禁止在某处停车而不管你有什么理由，那么会有柱子沿着路缘以半辆车的间距一字排开，而道路本身只够单车道通行。若当真禁止在某堵墙上行走，那么墙顶会建成60度的斜坡。若当真禁止坐上铁轨，那么铁轨上会有令人非常难受的长钉。这类物理障碍和自动执行手段可避免冲突和对抗。若个人要对规则发表意见，他/她可以去跟物理障碍较劲，而制定规则的人就避免了冲突。

20世纪70年代、80年代和90年代超个人主义的社会中，一切都同20世纪前半叶孕育了福利型国家的柱群化社会不同，过去规则不容商量。这一社会变化也是荷兰福利制度的核心问题。

1956年，个人利益开始超越集体利益。正是这一年，收入增长超过了生产力增长所允许的限度。物价跟随收入增长，结果是通货膨胀。和谐与共识开始破裂。

当共识不再，通货膨胀达到顶点，PvdA和KVP开始就如何削减政府开支以应对困难发生分歧。PvdA领袖罗默（1896—1980）所提出的一项动议导致了德雷斯政府的倒台，PvdA和KVP组成的天主教—社会主义战后大联盟最终破裂。当时德雷斯已72岁，决定就此退出政
147 坛。孕育出福利国家的政治和谐时代走到了终点。离职后，德雷斯所写下的话表现了他对福利制度崩溃极为深刻的见解：“一般来说，我们对财政很小心。我总是恳请大家注意，应该仔细地监督政府财政。有很多人太容易抱着这些财政取之不尽的心态做事。”[①]

---

① 转引自 G. Puchinger, *Nederlandse Minister-Presidenten van de twintigste eeuw* (Amsterdam: Sijthoff, 1984), pp. 217 - 218。

因为若干原因，福利项目通常会比原先的计划更花钱。实行这些项目所需的经济状况改变了；制定项目计划时参考的经济预期并没有成为现实。政客们分发出各种福利和资格，用支票本来求获选民的认可，而非作出艰难的决定来实现负担得起的共同福祉。毫无原则的受益者们则懂得如何利用这一体系获取好处。

1959 年斯洛赫特伦镇附近发现天然气后，政府财源看似用之不竭。天然气销售利润直接流入国库。下面的荷兰福利制度时间表，清楚地表明了金钱被用来构筑福利体系，而非建设有助经济增长的基础设施。

1962 年通过《全民儿童救济法案》(Algemene Kinderbijslagwet, AKW)

1964 年通过《医疗保险法案》(Ziekenfondswet, ZFW)

1965 年通过《国家救助法案》(Algemene Bijstandswet, ABW)

1967 年通过《全民特殊医疗费用法案》(Algemene Wet Bijzondere Ziektekosten, AWBZ)

通过《病患救济法案》(Ziektewet, ZW)

通过《残疾救济法案》(Wet op de Arbeidsongeschiktheidsverzekering, WAO)

50 年代、60 年代的繁荣在 70 年代、80 年代被始于 1973 年石油禁运的经济危机取代。失业率蹿升到难以想象的高度，吃社会福利的人也相应增多。原油价格急剧上涨所造成的 1979 年第二次石油危机，令糟糕的经济状况雪上加霜。个人消费跌落，通货膨胀和失业率高升。利率被调高以应对通货膨胀。20 世纪 80 年代的高利率导致大量企业 148
破产，又造成更多的失业。

70 年代，物价补贴条款开始出现在劳动合同中。这些条款确保自动增加工资，以弥补通货膨胀带来的影响。在社会层面，社会福利(以及民政服务的薪水)和工资增长相辅相成，令错误后果更为严重。当经理和劳动者开始私下协定新合同时，政府的支出也就相应增多了。增多的政府支出转嫁为更高的税率和社会保险费，反过来又推动工资成本进一步上升。结果是工资不断上涨的恶性循环。

## 福利国家的衰落

1953年,社会保险费仅占国民净收入的5%左右,下一个10年则翻了一番不止,达到11%。1965—1975年,ABW所带来的政府支出增加了8倍之多,从4.4亿荷兰盾变成37亿荷兰盾。

80年代,荷兰最终认识到福利社会的成本太高昂,开始采取行动加以改革。1995年,荷兰在社会保障和社会服务领域投入了1 890亿荷兰盾。救济金支付占去1 290亿,社会服务占210亿,民政服务补助为70亿,养老保险金为320亿。加起来,成本最高的三项占到国民生产总值的四分之一。这比80年代早期的三分之一要少,但比1970年的略高于五分之一要多。荷兰是政府行为在经济中所占比重最高的欧洲国家之一,仅次于斯堪的纳维亚地区国家。

80年代早期,政府支出在国内生产总值中的比重不断增加,唤起了要求变革的呼声。这些增加的份额有许多来自社会保障项目。税收和社会保障纳金所带来的收入减少,不足以支持这些项目的支出,导致财政赤字。CDA—VVD的联合党团在1982年上台后,首相吕德·吕贝尔斯(1939— )宣布这将是一届"不荒唐"的政府,致力于降低政府在社会经济中的作用。这一联合持续了将近7年。

不荒唐政府进行了一系列针对福利制度的改革,目标是减少有资
149 格获取福利的人数和所获福利的金额。最初的措施之一是停止让福利和公务员薪水跟私营经济中的工资提升挂钩。工党尤其反感这一举措,他们视挂钩为公平分配国家财富的手段。PvdA在第三届吕贝尔斯内阁中取代VVD后,即坚持应恢复挂钩。

公务员的薪水不只取消了跟私营领域工资的挂钩,还削减了3%。患者、残疾人和失业者福利也减少了,从当事人最近一次赚得的月薪/周薪的80%降为70%。失业者救助金的领取期限也缩短。最低生活保障福利所提供的可支配收入减少了大约10%。

变革福利制度的原因之一,是政府认识到福利欺诈乃80年代末、

90 年代初的一个重要问题。这无疑是对集体社会保障体系的沉重一击，该体系要求社会总体所生产出的利润根据每一人的能力和需求进行再分配。成员必须能够彼此信赖对方只索取真正的需求，否则这一体系无法运作。

当信任体系破裂，人们用欺骗手段获取并不需要的东西，就会刺激一部分人不再为共同利益作出贡献，而开始从事灰色经济，不再纳税也不缴社会保障金。同时也鼓励其他人钻体制的漏洞来获益。荷兰人的态度转变成："如果你（不钻空子），就等于损失属于自己的钱。"真正坚持理想的人最终不再抱有幻想，也不再抵触减少福利的变革，因为他们觉得那些人不配获得福利。荷兰的福利标准在 20 世纪 90 年代继续下降，而获取福利的标准则越来越严格。就连工党现在也支持削减福利，对福利获取资格加以限制。

## 荷兰福利制度描述

荷兰福利制度确保每人获得最低收入保障，无论是否工作。1998 年，最低收入为一对夫妻每月 2 033.34 荷兰盾，一家之主每月 1 423.34 荷兰盾，独居者每月 1 016.67 荷兰盾。获取福利的方式有两种：社会保障和社会服务。

社会保障提供给有工作的人，社会服务面向所有人。社会保障由雇主和雇员共同支付的社会保障纳金支持，该纳金是转嫁给消费者的 150
额外劳动成本。只有当工资低于扣除物价上涨因素后的**工资帽**（*loongrens*）时才须缴纳社会保障金，由此限制社会保障纳金的成本。工资帽在 1998 年是每年 62 200 荷兰盾（税前）。社会服务通过一般税收支持。有工作的人可获以下项目的保障：

- WAO
- 《失业救济法案》（Werkeloosheidswet，WW）
- ZFW
- 《带薪病假法案》（Wet Uitbreiding Loondoorbetaling bij Ziekte，WULBZ）

全民皆有的福利项目是：

- 《全民残疾补助法案》(Algemene Arbeidsongeschiktheidswet, AAW)
- AKW
- 《全民养老金法案》(Algemene Ouderdomswet, AOW)
- 《全民抚恤金法案》(Algemene Nabestaandenwet, ANW)
- AWBZ
- ABW

## ABW

社会服务中最重要的 ABW 始于 1965 年。荷兰所有没有足够金钱来满足生活所需的人都有资格获取 ABW 补助。对夫妻，金额相当于 100%的最低工资。对一家之主相当于 70%。对单身者为 50%。例如，无法就业的高中毕业生就可获得 ABW 补助。该补助有若干附带条件。无业高中毕业生必须找过工作但没有找到才能获取 ABW 援助；6 个月后，他/她必须接受一份《青年职业保障法案》(Jeugdwerkgarantiewet, JWG)提供的临时工作。对于 18—21 周岁的
151 人，这份工作的报酬并不高，相当于《全民儿童救济法案》在他们满 18 周岁前给他们父母的补助。在 1998 年，AKW 的补助金为每季度 449.51 荷兰盾。

## AOW

AOW 在 1957 年代替了《德雷斯紧急法案》，是荷兰社会保障体系的基础。养老金从 65 岁开始发放，标准为最低工资额。1985 年，养老金开始以个人为对象发放，所以无工作的配偶双方都能拿到。大约 60%的荷兰人觉得 AOW 已经不复当年，开始自己为退休后的生计想办法。

## WW

WW 始于 1949 年。开始时，救济金额设为受益人上份工作月薪/

周薪的 80%，但不断攀升的失业率和收入额使其在 80 年代走向终点。现在，失业前 39 周中至少工作过 26 周的人才能获得该救济款。救济期限为 6 个月，金额设定为最低工资的 70%。但若受益人在过去 5 年中工作了 4 年或以上，就能获得上份工作月薪/周薪的 70%，上限为工资帽。若曾工作过更长时间，则可以领取救济的时限也更长，最高为 5 年，需有 45 年工作履历。

## ANW

ANW 从 1996 年 7 月 1 日起代替了 1959 年的《全民孤寡救助法案》(Algemene Weduwen en Wezenwet)。ANW 为寡妇、鳏夫、18 岁以下孤儿和原本领取赡养费但前配偶亡故的人提供补助金。无子女的寡妇或鳏夫可从 ANW 领取最低净工资的 70%，有子女的可多领取 20%。对于前配偶亡故者，补助金上限为原本的赡养费金额。对于寡妇，当再婚、与新伴侣同居或达到 65 岁时补助金就停止发放，因为 65 岁即有资格获取 AOW 的补助。为减少成本，自 1998 年 1 月 1 日起，政府 152
开始试行新方案。若受益人有工作收入，则 ANW 补助金额会降低。

## AKW

AKW 始于 1962 年，是对较早的 1939 年法案的修正，在前法案下，救济金只发放给有工作的人的子女。AKW 每个季度向父母和其他抚养儿童的人士发放。救济持续到孩子 18 岁为止。到那时，孩子要么可以获得助学金，要么工作，要么可获得 ABW 的补助金。

1995 年，AKW 进行了修订。救济金额仍取决于孩子的年龄，但不再同家庭规模相关。1998 年 AKW 每季度基本救济金额为 449.51 荷兰盾。对于 1995 年 1 月 1 日以后出生的孩子，还未满 7 岁的可获得基本额的 70%，7—12 岁的可获得 85%，13—18 岁的可获得 100%。若孩子出生于 1994 年 10 月 2 日之前，则父母可以继续以旧有的额度领取 AKW 补助：未满 7 岁可得基本额的 70%，7—12 岁可得 100%，13—17 岁为 130%(584.36 荷兰盾)。

## ZFW

ZFW 始于 1964 年。医疗保险(Ziekenfonds)是国家为那些收入低于扣除物价上涨因素后的**工资帽**(年收入税前 62 200 荷兰盾，1998 年时)的人所设立的健康保障项目。所有收入不到工资帽的人都必须参与这项保险方案。若工资更高，就必须选一家私营保险公司购买医疗保险。医疗保险纳金自动从薪水或 ABW 受益人的补助金中扣除。一个成年人的平均缴纳金额为每年 230 荷兰盾(1997)。

医疗保险为人们提供基本的医疗服务，但为减少开支，该项目所提供的福利金额正在削减。1997 年，医疗费用共同承担制开始实行。只有去家庭医生、牙医医生和产科医生处就诊可免除共同承担。个人在共同承担中需支付的费用为医疗费的 20%，上限为每年 100 荷兰盾。

保险覆盖的医疗服务种类也逐步减少，以把开支维持在较低水平。政府为医疗保险参保者准备了一系列需额外付费的追加福利，来对不再属于医保范围那部分医疗服务项目提供保障。

153 ## AWBZ

AWBZ 始于 1967 年，覆盖范围是国家强制性医保和私营医保都漏过的部分。这包括住院一年后继续住院的费用，各种类型的康复治疗、门诊和精神病科服务。共同承担中的个人费用，对闭居在福利机构或疗养院的人来说，其上限分别是 1 350 和 2 220 荷兰盾(1996)。

## WAO

WAO 始于 1967 年，受益者是不能工作达一年以上的残疾人。WAO 的救济金额取决于残疾严重程度(需至少达到 15%)和工龄。起初，WAO 救济金一直支付到受益人可以获取养老金的 65 岁。自 1993 年 8 月 1 日起，WAO 受益人每 5 年要重新接受一次资格鉴定，此前已经在领取救济金的残疾人则依旧遵循原有规则。始于 1976 年的 AAW 是同样性质的福利，针对自由职业者和就业前就身患残疾的人士。

WAO 开始生效时，救济金额设为受益人最近一份月薪/周薪的 80%。为了精简节约，在 1987 年减少至 70%。1994 年，永久性残疾人士的救济金额为：最低工资额+2%×(最近一份薪资额－最低工资额)×(受益者在 WAO 生效之年的年龄－15)。

在该法刚设立之时，预计获得此项救济的人数仅为 15 万至 20 万。4 年之内，受益人数就达到大约 20 万，而且还继续增加。1976 年 AAW 设立后，受益总人数飙升至 50 万，到 1988 年达 80 万，且还在增多。受益人数增多的原因之一是 WAO 被用作提前退休的手段，以减少就业市场中的大龄职工。

## ZW

1967 年的 ZW 是 WULBZ 的前身。疾病缠身无法工作或残疾的
人士可获得此法案的救济金。金额设为最近一次薪资的 70%，但不低 154
于最低工资额。1997 年 3 月 1 日，政府将病患救济金的支付责任转移给雇主，按 WULBZ 予以执行，但孕妇和产妇不在此列。现在，雇主必须为患病或残疾的雇员提供相当于其最近一次薪资 70%的救济金，最长为 1 年(部分政治家正探讨是否改为 3 年)。一年期满后，该职员即有资格领取 WAO 所给予的救济金。政府仍按 ZW 给产妇支付相当于全额工资的补贴，为期 16 周。

将责任从政府转移到雇主带来了意料之外的副作用，即雇主希望避免雇用健康状况不良的人，不想为病患支付这笔开销。而当政府负担此风险时，这一成本是整个劳动人口共同承担的。现在雇主直接担负风险，他们能清楚地看到雇用可能因健康问题而经常无法工作的人所带来的直接成本。对政府来说，结果是有健康问题的人找工作会遇到困难，于是他们最终需要拿其他类型的福利和救济，而且因为无工作也不缴纳社会保障金。

从 ZW 到 WULBZ 的转变还引发了激烈的政治辩论，辩论主题是劳工协会(Stichting van de Arbeid)所提出的给予雇员医疗优先权的

提案。荷兰医疗系统不以自由市场的原则运作,而是计划体制。结果是一些特定医疗服务的等待时间过长,而劳工协会想要替自己的成员争取到优先权。

因为职员必须等就诊完毕才能回去工作,在这种情况下,时间就等于金钱。根据 WULBZ,雇主在雇员等候就诊期间必须继续支付工资。雇主对这一提议的看法是,他们希望能够对新加诸他们身上的成本加以控制。公众对这一提议的反应极为冷漠,看起来并不介意为就诊而等候,但认为决定谁先获得治疗是医学范畴而非政治或经济范畴的问题。

## 补充救济法案

该法案(Toeslagenwet)是对 WW、ZW 或 AAW/WAO 的补充,当受益人所获补助低于最低保障收入时即生效。

## 155 文娱福利

最后,荷兰福利制度还提供文娱福利(Leuke Dingen),给予生活在最低收入线达一年或以上的人提供额外补助。荷兰认为最低收入仅仅可供生存,但生存本身并不意味着生活,所以用文娱福利涵盖文化、教育、休闲活动的实际开支,例如参加音乐、戏剧团体或合唱队,参加体育俱乐部或同好会,报名课程,图书馆年金或博物馆年票,观看比赛或戏剧,订阅杂志等等。受益者可 100%免除此类开支,上限为每人每年
156 125 荷兰盾。

# 第十二章　新社会：柱群崩溃 157

## 电子媒体

### 广播

荷兰的无线电广播最早出现在1919年11月6日，令荷兰成为世界上首个有正式定期广播的国家。美国直到1920年才有正式定期广播，德国和英国是1922年。随后的10年中，无线电和印刷媒体同时得到发展，属于社会每一个柱群的广播节目都各自丰富起来。

起初广播电台只有一个，位于希尔弗瑟姆。1924年，新教徒成立荷兰基督教广播协会（Nederlandsche Christelijke Radio Vereeniging, NCRV），每周有一晚播放宗教节目。天主教不可能落于其后，也成立了天主教广播电台（Katholieke Radio Omroep, KRO）。随之而来的是社会主义者1925年成立的劳动者业余广播协会（Vereeniging van Arbeiders Radio Amateurs, VARA）。1926年，自由派新教徒成立了自由新教广播电台（Vrijzinnig Protestantse Radio Omroep, VPRO）。1928年，KRO和NCRV在赫伊曾（Huizen）建起各自专属的发射站。希尔弗瑟姆电台的播送时段空余出来，被不代表任何特定宗教或社会 158
立场的无线电广播总协会（Algemene Vereeniging Radio Omroep,

AVRO)占去。

首部广播法在1930年通过。当时，每周共有40～50小时的播送时间，由两个发射站发送。全部播送时间被分为5份。NCRV和KRO保留了对其发射站的专用权，AVRO和VARA在希尔弗瑟姆发射站的播放时长相等，VPRO则在希尔弗瑟姆发射站获得了较短的、固定长度的播送时间。

二战后是广播最为风靡的时期。至1949年，荷兰共有1 337 000台收音机。随着无线电广播不断普及，各协会播送节目的说教性逐渐降低，更加通俗流行。但广播还是很快被电视所取代。

### 电视

荷兰最早的电视节目播出于1951年10月2日。但直到1960年电视才普及到全国。第100万台电视机出售于1961年。1962年，每周仅有30个小时的电视节目播出，但合法收视节目的电视机有200万台。第二个电视频道始于1964年10月，第三个频道出现于1988年。

荷兰电视媒体沿用广播的组织构成。根据每协会成员数量，各协会均可分配到播送时段(NCRV、KRO、VARA、VPRO和AVRO)。但有一个关键的差异：过去人们在属于自己柱群的广播节目播送完后就会关上收音机，可现在他们会一直开着电视，无论在播放什么样的节目。雷蒙德·范·登·保加德在《NRC》上撰文回忆道，其祖父看电视的方式是：从调试模式一直看到没有信号。当政客、神父或牧师在电视上表达与其不同的政治观点，他的祖父会摆出一种仿佛要把讲话人从屏幕上赶走的手势。但电视还是开着。

这种情形在大部分荷兰家庭中反复上演，意味着荷兰人开始对他人的不同观点和理念有了越来越多的了解，意味着柱群化开始变弱。今天，尽管每一个电视广播协会都凭其名称和历史保留着过去的拥护者，与这些拥护者的关系却不比从前，因为每个协会所表达的观点都更为温和，以获取更多的听众、获得更多的播送时间。


1989年，在卢森堡运营的各商业电视公司取得与非商业公共频道共存的一席之地。1992 年，国内的商业频道运营商也加入进来。今天，市场由两方统治：预算超过 11 亿荷兰盾的非商业公共频道（NL1、NL2 和 NL3）；营业额超过 7 亿荷兰盾的商业频道运营商（RTL4、RTL5 和 Veronica）荷兰媒体集团。这两家媒体巨头共占有大约 80％的市场份额，互相制衡，各自占有大约 40％。其余的市场由 3 个较小的频道——SBS6、TMF 和 TV10——以及家庭视频所瓜分，TV10 的市场份额（6.2％）比 SBS6（5.4％）和 RTL5（5.1％）要多。

商业电视频道的出现，加速了对电视广播协会意识形态基础的侵蚀。商业运营商以他们更受欢迎、更少意识形态的节目挤占了每一块较大的观众市场，令非商业公共频道的广告收入减少。为了改变这一趋势，电视广播协会不得不使其节目更为通俗化，放弃意识形态的色彩。

两个因素导致了政治和宗教观念的趋同及柱群的逐渐瓦解：电视协会淡化了节目中的意识形态；人们什么电视节目都想看。荷兰今日的社会可以如美国和英国那样，更简单地划分为保守派和自由派两个柱群。

但柱群是荷兰教会权威的中流砥柱。电视瓦解了柱群，也夺走了教会的道德权威。《NRC》上的一篇社论中，《自由大众报》的前主编赫尔曼·维恩伯德将电视给现代荷兰带来的冲击类比为教会在广播和电视出现之前给社会带来的冲击："当时的教会为民众设定必须遵循的价值标准，不服从的就是罪人。现在对很多人而言，电视就是参照的准绳。"

## 女性和家庭

在两次世界大战之间、女性获得投票权之后，女权运动的势头放
缓，在大萧条时完全停滞。1934 年，政府禁止与男性同居的女性担任
公职。1935 年，结婚成为将女性开除公职的理由。1937 年，一项草拟 160
法案被提交到总议会，意在禁止家庭妇女从事任何有收入的工作。这
项法案没有得到通过，但体现了当时对职业妇女的偏见有多激烈。

战后的1947年所作出的一项决定在很长时期内主导着荷兰政府对待家庭问题的政治方针，即将最低工资额设定为能让一名已婚男子支持家用开支（一名妻子、两名16岁以下子女）的水平。1950年，天主教公会以“母亲应在家中，而不是工厂！”的口号开展过一项宣传活动。这一“男性养家糊口”体制，使已婚妇女不必为赚钱工作，是二战后荷兰社会重建过程中很多决策的基础。直到今天，从未就职、一直担当妻子和母亲角色的女性还能获得专门的津贴。因为荷兰学校的日程安排，荷兰学童回家吃午餐要由他们的母亲去学校接，只有不工作的母亲能满足日程需要，每天两次接送孩子。

但是，50年代的政治趋势发生了有利于女性的转变。1953年，安娜·德瓦尔（1906—1981）就任教育艺术与科学部国务秘书，是中央政府的首位女性国务秘书。1956年，马尔哈·克隆珀（1912—1986）持续这一趋势，就任社会服务部国务大臣，成为首任女性大臣。次年废除了禁止已婚妇女担任公职的禁令，已婚妇女还在这一年获得了缔结合同的法律权利。至1990年，权利平等化运动（affirmative action）使公务部门中的女性人数增到26.3%。

欧洲任何国家的婴儿潮都不如荷兰规模大、效应长。出生统计数据在二战后立即蹿升，并在其后20年中维持高水平。60年代早期，每名女性平均生育子女3.2人——在欧洲仅少于天主教爱尔兰。高出生率是宗教柱群化的结果。当柱群在60年代分崩离析，出生率也马上急速跌落。至1985年，每名女性平均生育数降到了1.5人。这一出生率下降幅度堪称世界之最。目前，荷兰女性生育头胎的平均年龄是28.6岁，为世界最高。

60年代后期，女权运动的势头更加猛烈。这一时期是所谓妇女解放“第二波”的开端。第一波出现在世纪之交，当时1898年威廉明娜女
161 王登基成为荷兰首任女性君主。正是在那一时期，威廉明娜·德吕克（1847—1925）、阿莱塔·雅各布斯（1849—1929）、贝齐·珀克（1833—1906）和明娜·克鲁瑟曼（1839—1922）积极争取着女性权利，不仅包括女性选举权，还有女性就读高中、大学以及进入总议会的权利。这一波

运动在一战结束时达到高潮。1917 年的宪法修正案赋予了全体男性投票权,也去除了将选票投给女性的法律障碍,但女性直到 1922 年才真正获得选票。1918 年,苏泽·格勒内维格(1875—1940)成为首位女性议员并连任至 1937 年。

妇女解放第二波开始的标志是科尔-斯米特(1933—1981)所撰一篇文章,题为《女性的不安》(*Het onbehagen bij de vrouw*),发表于 1967 年的《向导》(*De Gids*)杂志。1968 年,"男性、女性、社会"团体成立,旨在为女性争取平等权利。1969 年,"疯狂明娜"组织成立,口号是**"你的肚子你做主"**(*Baas in eigen buik*),这一团体提倡控制生育和人工流产的权利。他们大张旗鼓的行动旨在将公众的注意力吸引到女性问题上来,也确实得到了国内和国际的关注。1972 年后,大部分疯狂明娜的成员离开了组织,加入主流政党之中。自 1973 年起,每届内阁都至少有 1 位女性。1995 年的内阁有 4 位女性国务大臣和 5 位女性国务秘书。1975 年,政府开始为服务于女性以及由女性运作的项目拨款。1981 年,妇女解放委员会成立,为政府提供事关妇女权利的进言。

尽管荷兰女性的地位发生了改变,但仅有不到 30%的人觉得女性必须工作来支持家庭开销。这比欧洲的平均值 69%要低得多。其实,女性须工作来补贴家用的观念正在受到指摘,新的社会学研究表明托儿所环境对儿童成长有不利影响。还有人呼吁孩子须在家中养育。CDA 是"家庭主义"的主要支持者,"家庭主义"是 VVD、D′66 和 PvdA 的"紫色"联盟所推行的社会政策的理念基石——"极端"个人主义、自我中心主义和女权主义——的意识对立面。在荷兰,40%的妇女仍支持传统家庭观,觉得今日社会低估了她们作为母亲给社会带来的贡献。

1997 年,中央劳动局不再将女性纳入失业问题的考虑范围。当年,仍在寻找工作(一周工作时间超过 12 小时)的女性人数下降了
12%,为 176 000 人。社会事务部把此归因于该部的一个项目加大了 162
对托儿所财政支持的范围。不过女性失业率仍高于男性,为 6.5%对 4.8%。

无论如何，双份收入家庭获得了立足之地，和单份收入家庭的数量大致相当。有两名16岁以下子女的双份收入家庭占1995年荷兰家庭总数的五分之一左右(约130万)。这类家庭可支配收入的众数为65 000荷兰盾。

## 少数民族问题

1994年选民民意调查中，当选民被要求列举最紧迫的政治议题时，他们提得最多的是少数民族问题(52%)。在被调查者中，20%支持完全禁止寻求庇护者入境。但是，当调查问卷要求被调查者写出6个议题，并以重要程度排序时，列在头两位的是失业和犯罪。

虽然看起来两个结果有些矛盾，但失业和犯罪属于少数民族问题。少数民族的失业率在1996年为21.9%，是荷兰族的3倍。1997年的一份议会报告显示，在同一年龄段的年轻人中，少数民族参与犯罪活动的概率——尤其是毒品交易——比荷兰族高3～6倍。

很多荷兰族人忽视或没意识到少数民族失业率高的事实，反而纠结于少数民族挤占了荷兰人应该享有的工作岗位。虽然主流媒体在报道犯罪时试图维持政治上的正确性，荷兰族人还是在新闻报道中见到了有关少数民族犯罪、荷兰最常见的少数民族的原籍政府支持毒品交易之类的消息，并得出大部分少数民族成员是罪犯的结论。对1980年苏里南军事政变首领德西·鲍特瑟进行毒品交易的国际起诉，进一步加剧了针对所有在荷兰生活的苏里南人的成见。

荷兰现在的少数民族问题是移民造成的。第一波移民潮发生在后殖民时期。印度尼西亚最终宣布独立后，大约30万欧亚混血儿被“遣返”回荷兰这个他们从未见过的国家。此后，移民以小规模的方式进
163 行。拥有良好教育和高水平职业技能的移民者从其他殖民地前来寻求更好的生活。同时，无特别技能的外来务工者增加了外籍人士的数量，他们并非真正的移民，仅“暂时”在荷兰工作。最近一次移民潮是在苏里南殖民统治终结后。苏里南独立后，该地近三分之一的人口移居荷兰。

荷兰人的期望在当时和现在都一样，是让移民完全融入荷兰社会。最早的移民知道，他们只有以荷兰人的方式行事才会被荷兰民族接纳。印尼移民融入荷兰社会的过程常常被称作一个“成功的故事”，因为他们确实做到了。

虽然荷兰民族和欧亚混血儿之间的文化差异偶尔还会造成双方的误会，大部分欧亚混血儿都不被荷兰人视作少数民族，政府也不这么看待他们。内政部将以下民族列为荷兰的少数民族：土耳其人、摩洛哥人及其他北非人、佛得角人、南欧人、苏里南人、安的列斯人、阿鲁巴人、摩鹿加人、难民和寻求庇护者。

在苏里南独立前来到荷兰的苏里南人教育程度良好，想要改善个人和家庭的生活水平。第二代移民、出生于荷兰的作家英格丽德·巴尔(1951—　)的双亲是其中的典型代表。她的父亲是当时许多前来荷兰的苏里南医生之一。1968 年，有 168 名苏里南医生在荷兰行医，但在苏里南一共只有 150 名。巴尔的双亲作出了明快的抉择，打算融入荷兰社会。她的父亲十分感激能有前往荷兰的机会，从未抱怨过他和妻子为更好的生活所付出的高昂精神代价。他知道，若荷兰没有将苏里南殖民化，他就不会有在荷兰所获得的地位和职业。他们以及其他欧亚混血儿的同化，从荷兰人的视角来看可以算作成功。

荷兰自由派电视节目、情景喜剧《请说“啊”》(*Zeg 'ns aaa*)中的一位主角就是这类移民的典型：来自苏里南、高度同化了的黑人医生约翰·韦恩塔克。他的荷兰味几乎跟剧中其他荷兰白人一样浓。编剧尽全力让少数民族角色——不只是苏里南人，还包括土耳其人和摩洛哥人——扮演正面形象，打破对少数民族的负面成见。这些角色是正面人物，因为他们被同化了。能显现出差异的地方只有轻微的外国口音和一些有趣但美味的食物。

苏里南独立后的移民潮则不一样，涉及的是教育程度略低的社会 164
阶层。“同化”在拜尔莫(Bijlmer)苏里南社区中属于脏话，那是一个毫无规划的高层公寓住宅区，位于阿姆斯特丹东南部，“有名”得就像当年犹太人居住的城中城“隔都”(ghetto)一样，挤满了苏里南独立后迁来的移民。融入荷兰社会的苏里南人，例如帕特里夏·雷马克——荷兰首位工党黑人高级市政官——被蔑称为“Bounty”(一种甜食的名字)，意指他棕皮白心。但离聚居区越远，这种蔑称就越少听见，同化是在定居国获得成功的关键这一点也得到更多认同。

外来务工者自40年代、50年代开始进入荷兰，当时西欧工业在获取足够劳动力方面存在困难。他们来自南欧，尤其是失业率很高的意大利、南斯拉夫、西班牙和葡萄牙。外来务工者就如字面所表达的那样仅是外来者。谁都不认为他们会留在荷兰，也从未考虑过让他们与社会同化的问题。第一批务工者也确实返回了故乡。

60年代，欧洲经济复苏。西欧各国加剧了对外来务工者的争夺，而外来务工者本国的就业情况也得到改善。荷兰发觉不得不从更远的国家雇用外来务工者。1964年，荷兰与土耳其缔结了一项有关雇用其劳工的正式协议，1969年与摩洛哥签署了同类的协议。但荷兰仍期望这些工人会回去。官方认为人口稠密的荷兰无法成为容纳移民的国家。

外来务工现象在1970年和1971年达到顶峰。尽管1973年的石油危机令经济衰退，使荷兰本国人的失业率上升，外来务工者的数量却仍然很多。荷兰人也许会找不到工作，但愿意干外来务工者的重活脏活的荷兰人还是不够多。

在80年代、90年代，越来越多的外来务工者决定留在荷兰而非返回家乡。逗留时间长了，他们就把家人也带到荷兰。但荷兰政府直到80年代早期才终于认识到这一现实：外来务工者已转变成了移民。此前曾探讨过是否要给外来务工者设两年的逗留期限，以确保他们仅暂时地待在荷兰，但这一设想没有成为政策。

165 同样从未有过帮助外来务工者融入荷兰社会的政策，这类法律没有拟定的必要，外来务工者仅仅暂时留在荷兰。而前一次移民潮中的移民来自旧殖民地，都会说荷兰语，也至少熟悉一部分荷兰的习俗。尽管政府对帮助前外来务工者——现在的移民者——融入社会做出了努力，在荷兰的土耳其和摩洛哥少数民族仍处于疏离而非融合的状态。

荷兰对前外来务工者和苏里南独立后移民同化的努力被现代科技所阻碍。在现代，移民可以选择身心不一的生活方式。但就在不太远的从前，精神上维持故国状态是不可能的。那时没有迅捷的飞机旅行，没有便宜的电话沟通，没有电子邮件来跟爱人交流，也没有卫星电视让你了解"精神上"的祖国的发展状况。在这些技术问世以前，要让身体和精神生活在两个地方所需跨越的障碍十分巨大。

英格丽德·巴尔谈到她双亲不能参加父母(她的祖父母)的葬礼时所遭受的打击。对他们，也对从印尼遣返的其他欧亚混血儿而言，已经没有回头路可走。这种鸿沟不如17世纪前往新大陆的移民者所面对的那么巨大，但仍大得需要与故国作精神诀别，并融入新的国家中，没有其他选择。

在移民聚居区生活给新来者提供了一份归属感，但留在聚居区无法让他们取得成功，只有同化后才能。飞机和卫星出现之前，这些聚居区到第二代或第三代移民时就会消弭。而现在聚居区则能存续更久，因为第二代、第三代土耳其和摩洛哥移民能上少数民族学校(被本地荷兰人称作"黑人学校")，并同老家安排的本国人结婚。但聚居区的构成还是有所变化。留在聚居区、接受老家安排同本国人结婚的主要是二、三代移民中的男性。女性则离开了那里，去获取荷兰女性拥有的而聚居区和她们本国的妇女所没有的地位。

现在居于荷兰的外来移民可以搭乘飞机，去参加巴尔的父母所错过的那类家族事务，能通过卫星电视了解母国的最新情况，不去在意居住国的一切。巴尔很高兴，因为父母决定让身体和精神都归属于荷兰。 166
这使她免于她所谓的"精神分裂状况……在身体和精神两方面频繁往来于尼德兰和苏里南"①，这是很多现代移民所处的状况。

同样的观点还可从社会主义派的日报《箴言》在1997年4月对一群土耳其青年所做的访谈中看到。21岁的内贾蒂(Necati)觉得土耳其

① Ischa Meijer, "Het tussentijdse uitstellen", *Het Parool* (October 22, 1993): 15.

青年遇到了困难,因为他们陷入荷兰文化和土耳其文化的夹缝中,无法作出选择。“在家中有良好的土耳其式成长环境的人还算好。你必须明白自己的归属。我属于土耳其文化。”被采访的5名青年都情愿马上回到土耳其,但明白这不现实,他们的工作和朋友都在荷兰。

摩洛哥人的说法也一样。“若你是被旧的传统方式抚养成人的,就很难在阿姆斯特丹生存。”阿姆斯特丹摩洛哥青年中心协调员阿明·埃尔·穆瓦登(Amin El Mouaden)这么说。法蒂玛(Fatima)的父亲试图在她上一次返回摩洛哥探亲时给她安排婚事,她显然承受着巴尔的父母让他们的女儿得以幸免的精神分裂之苦。“现在我们生活在谎言中。你在家时必须一直说谎和欺骗,”法蒂玛说,“我不会让我的孩子经受这些。”①

这是荷兰目前少数民族问题的关键。荷兰人仍然期待选择来到这个国家的人能够同化,但移民却在定居国维持着异国人的面貌。并非出于己愿来到荷兰的欧亚混血儿,应该有权抗议将同化设为接纳他们的先决条件,但大部分人并没有抗议。其他新移民自己选择前往荷兰,荷兰人不理解为何他们不能像那些从前的移民那样,为获取接纳而付出代价。荷兰人不想仅仅为了容纳自主选择前往荷兰的人而改变国家整体的生活方式,他们仍期望新来者能更多地养成荷兰习惯和习俗而不要总保留那么多的故国习俗。

## 年龄歧视

从20世纪80年代战后失业率达到高峰时起至1994年,荷兰大龄(40岁以上)雇员总是裁员、“精简”、重组时首先被请走的对象。1994年,导致这一切的《大龄雇员指导条例》被废止。在80年代制定这一条
167 例的理由是,更年轻的职员若被解雇,就会失业很长一段时间,几乎没有找到新工作的期望。但是,大龄雇员也是一样的。他们中大部分人

① Frans Bosman, “Slachtoffers tegen wil en dank”, *Het Parool* (April 19, 1997): 22-23.

被解雇后再没能回到工作岗位。可人们觉得他们已经工作了大半辈子，也有权歇歇了。

因为若干理由，这一指导条例几乎没有遭到抵制。被裁员的职工有荷兰福利体系保障，有各种字母堆积成的福利项目照顾，例如 VUT、WW、WAO 等等，大龄职工停止工作也几乎不影响生活水平。被裁员的是战后重建时期的一代人，他们觉得是通过他们的努力工作才实现了荷兰战后的经济成功。以 VUT、WW 和 WAO 所实现的提前退休制度，被视为对他们努力的回报。提前退休也是将机会让给年轻人的一种方式。合作和让步长久以来一直是荷兰社会的标志，这一方式也是典型的荷兰式和谐解决手段，是失业危机下的一种应对措施。

雇主支持《大龄雇员指导条例》，因为年轻职工的薪水更低也更具生产力。这一理由起先只对蓝领工适用，但很快影响到整个就业市场。雇主忽视了经验、忠诚和培训成本的因素。招聘广告都有年龄上限(大部分低于 30 岁)，歧视大龄雇员成为企业文化的一部分。1994 年废除指导条例后，改变也很缓慢。或许招聘广告上不再有年龄上限，但大龄者仍比年轻人难找工作。

没有什么比 1997 年对王储威廉·亚历山大的一次电视访谈所造成的反响更清楚地说明了这一问题是如何萦绕不去。在采访中，王子说他不急于继承其母亲的王位，因为“她正处于人生最好的年华”。很多评论者对此言论作出了反应，指出超过 55 岁的人找工作有多么艰难。而贝娅特丽克丝女王在 1998 年 1 月迈入了人生的第 60 个年头。

《大龄雇员指导条例》在 1994 年废除，因为政府和雇主都意识到该条例所带来的实际代价有多高。条例实现了初衷，荷兰 55 岁以上人口中仅 25%左右有工作。作为比照，法国为 33%左右，美国和英国大约 168
是 50%，瑞典和日本为 66%。荷兰是全世界 55 岁以上人口就业率最低的国家之一。

不让大龄者进入就业市场的恶果将延续到 2030 年，届时荷兰婴儿潮一代将全部达到退休年龄，退休人口的数量会开始下降。荷兰社会保障体系是按需购买、即付即得的。人口构成显示，2030 年后为退休者支付退休金的从业人数也将减少。这不仅是 WAO、VUT 和 WW 面临的难题，也是荷兰医疗系统的难题。

政府没有试图让提前退休的人重返工作岗位，并认识到一个事实：他们当中大部分人将再也不会去工作了(超过 57.5 岁者无须寻找工作也有资格领取失业救济)。政府恢复就业的努力所针对的是 35—45 岁这一区间。这一年龄段的人无法再像如今已经步入 50 岁大关的人那样，普遍在 55 岁提前退休。政府政策的目标是将就业状况恢复到 70 年代早期，当时 55—65 岁区间的就业情况与 45—55 岁区间相当。

目前媒体中进行的政治讨论，正通过指出大龄职员业务上的优势(经验、忠诚、持续性)，以帮助改变公司的态度。另一个典型荷兰式的和谐解决方案也浮出水面：让大龄职员换做兼职而非退休。这样他们给企业造成的成本降低了，也继续为荷兰福利体系纳金，他们的经验、忠诚和对公司文化的理解都能留在工作场所中。

荷兰的兼职市场领先世界。但兼职者在荷兰的地位和在美国不同。在荷兰，兼职工可在退休前一直得到福利和信用累积。

## 毒品政策

毒品问题每年给荷兰经济带来的损失约 14.4 亿荷兰盾。其中大约 1.6 亿用于成瘾治疗、约 2.7 亿用于制止毒品交易、约 3.7 亿用于对
169 抗吸毒者的犯罪行为(主要是侵犯财产)，还有 6.4 亿是吸毒者犯罪所造成的财产损失。此外，在 1993—2003 年，荷兰监狱的数量从 5 000 间增长到 12 000 间，在很大程度上源于因毒品交易而被判徒刑的案例增多。

荷兰毒品政策将吸毒视为健康问题而非道德问题。“减少损害”或“控制损害”是描述这一政策的最恰当方式。在荷兰，毒品消费并不违法，吸毒被当作健康问题处理，强调预防和治疗。荷兰把近 1.6 亿荷兰盾用于成瘾者治疗，包括住院和非住院治疗、美沙酮使用和注射器更换。对每种毒品的使用都有相应的健康危险评估，据此划分出“硬”毒

品(XTC、海洛因、可卡因)——“造成无法接受的风险的毒品”——和“软”毒品(印度大麻、大麻)。从两种毒品的定义区分即可看出吸毒被当作健康问题，而非法律问题。

另外，持有、销售、运输、交易和生产毒品则为非法。在这一问题上，“硬”和“软”毒品的差别关乎执法优先度。荷兰没有足够警力一视同仁地顾及所有级别的毒品犯罪；因此选择将国内警力专注于硬毒品犯罪。不过优先级最高的是对抗国际毒品交易。荷兰是若干个国际反毒协议的签字国，也是联合国国际毒品控制项目和联合国毒品委员会的成员国。

不过，招来大部分国际关注的是荷兰的软毒品政策。荷兰对软毒品的宽容态度与其他国家——例如美国和瑞典——的全面禁止政策相冲突。在荷兰，虽然根据法律，拥有达到自用量的硬毒品或软毒品都属非法，但实际上仅是小罪——在大部分其他国家是重罪——还很少被起诉。荷兰更倾向于治疗成瘾者而非监禁。

荷兰对于那些所谓的咖啡店中公开出售软毒品的行为采取无视政策，这是国际批评的主要对象。荷兰人认为这一政策能让硬毒品使用者与软毒品使用者分离，防止吸食软毒品的人“升级”到硬毒品。

荷兰人觉得在人生的某个特定阶段，成年但还年轻的人会想要体验一下软毒品的滋味。将软毒品予以事实上的合法化就可免于迫使这些年轻人接触地下毒品，若对硬毒品和软毒品一视同仁，那样的事情就 170
会发生。由于软毒品销售实质上被限制在咖啡店内，荷兰人就能规范这一市场，正如他们规范妓女和酒精饮料销售一样。

减少损害政策的成功可从吸毒导致的死亡人数统计中看出。尽管准确的吸毒人数统计资料不可能获得，尤其在那些使用毒品为非法的国家，但吸毒导致的死亡人数是可以收集的，一般也可靠。1993 年，一项比较 17 个工业化国家吸毒致死人数的调查将荷兰列在第 17 位，每百万人中仅有 2 例死亡。瑞士以每百万人中 53 例死亡排在首位；丹麦(40 例死亡)和卢森堡(35 例死亡)列二、三位；美国和英国并列第五，为每百万人中 24 例死亡；欧洲国家中批评荷兰毒品政策最激烈的法国排第15位，每百万人中有8例死亡。

荷兰毒品政策正受到国际和国内的双重压力。荷兰人对与毒品有关的侵犯财产犯罪和吸毒者的反社会行为不胜其烦。在一些街区，荷兰毒品政策的基础、荷兰标志性的和谐和宽容已经崩溃，那里的居民已自发组成治安团，驱逐当地的吸毒者。

软毒品咖啡店同样受到附近社区团体的压力，其主要原因同出售酒精饮料的酒吧在所有地方都不受欢迎是一样的，但还因为这些咖啡店会吸引国外的寻毒客。在一些社区，咖啡店周末所出售的软毒品中有三分之二卖给了外国人。这是众邻国不喜欢荷兰毒品政策的理由之一。有严格毒品政策的荷兰邻国，视软毒品咖啡店为现成的、向他们国家进口毒品的源头。

作为欧洲一体化进程的一部分，出入境控制已取消了，寻毒客带着所得毒品返回自己国家时被查阻的风险很小。考虑到邻国的需要，荷兰已把一个人一次可购买的软毒品量从30克降到了5克，旨在减少游客随身带回自己国家的软毒品量。

荷兰的地理特征使其不仅成为合法国际贸易的"欧洲大门"，也成
171 为非法毒品交易的大门。位置决定一切。荷兰警方估计大约有一百个犯罪组织在荷兰活动，其中大部分从事毒品交易。荷兰人与之进行着积极的对抗。

对这些组织构成的描述中，医疗福利和体育部竭尽所能地保持政治上的正确性，避免使用带有贬义的词**有色外来人**(allochtoon)，但定义本身还是以种族来划界：

> 与其本国的犯罪组织有密切往来、居于外来聚居区的居民经常参与从事硬毒品交易的犯罪组织。以**荷兰族人**(*autochtoon*)为主的组织主要从事软毒品交易。

这样的谨慎措辞丝毫不能改善荷兰的民族关系，但确实表明荷兰人充分意识到了问题。

## 荷兰病

和平主义、反军事主义、中立主义长久以来都是荷兰历史的一部分。1727 年,希蒙 · 范 · 斯林厄兰(1664—1736)就任荷兰**大议长**(*raadpensionaris*),与首位实质上的英国首相罗伯特 · 沃波尔(1676—1745)密切合作,旨在建立“全欧洲的和平”。阿塞尔(1838—1913)是用强制仲裁取代武力来解决国际争端的提倡者,也是 1899 年和 1907 年两次海牙和平会议的荷兰代表团主席。荷兰在 125 年间(1815—1940)奉行中立的外交政策。

在一战和二战之间的一段经济低迷期中,当政府于 1923 年提议将资金用于扩充舰队,尼德兰社会民主工人党(Sociaal-Democratische Arbeiderspartij in Nederland, SDAP)和荷兰行业协会联盟(Nederlandsch Verbond van Vakvereenigingen, NVV)组织大规模游行,反对《舰队法案》(Vlootwet)。这一法案因一票之差未能通过,政府也因此垮台。

二战后的 20 世纪 50 年代,受共产主义运动,兴盛鼓舞的和平抗议 172
活动——不仅在荷兰,也在整个欧洲——成为令美国决定执行马歇尔计划的因素之一。德雷斯政府 1957 年批准美国在荷兰部署核武器,甚至没有经过议会讨论。毕竟部署核武器比驻军便宜。

荷兰直到 60 年代后期还是个柱群化的社会,重建经济是人们考虑的主要问题。荷兰外交和军事政策由政治精英阶层制定,没有经过多少媒体报道或议会和公众的讨论。当婴儿潮中出生的一代开始成年、柱群开始崩塌,这一状况发生了改变。电视将世界带入民众的起居室。政府必须对议题和决策作出解释和辩白,这些辩解甚至成为选举的重要因素。

60 年代、70 年代的变化始于经济和国内政策中问题的质疑,改变发生后,外交界精英们也发觉不得不应对公众舆论。越战、是否加入北约、在荷兰国土部署核武器,这些公众讨论的话题占据了荷兰和世界新闻媒体的头版。1979—1985 年间,这些辩论演变为街头游行,美国历史学家和评论家沃尔特·拉克尔(1921—　)给它起了个名字：荷兰病。

1979 年,北约决定在欧洲部署巡航导弹和潘兴二型弹道导弹,荷兰领土分到 48 枚潘兴二型。首相范·阿赫特领导的中间偏右翼政府起先同意,但这一决定不得人心。1982 年 11 月,新一届中间偏右翼政府由吕德·吕贝尔斯组阁。支持部署导弹的吕贝尔斯以典型的荷兰方式,没有直面这一话题,而是提出若干折中方案。包括：

- 允许分批部署导弹,让美国和苏联有更多协商的时间
- 承担其他北约任务,作为交换,不部署导弹
- 建设导弹发射井,而不接受导弹部署
- 减少在荷兰部署的导弹数量

欧洲媒体中铺天盖地的同类抗议令荷兰部署问题成为一个例案,其他欧洲国家的反核武运动密切注视着荷兰的举动。若荷兰能对导弹
173 说不,那他们也行。这大大增加了荷兰决策者解决问题的国际国内压力。

吕贝尔斯在 1985 年技巧性地避免了因这一议题导致内阁危机,提出若苏联能将 SS-20 导弹的数量削减至 378 枚就停止部署。这一提议成功地将问题的焦点从北约和美国转移到苏联身上。苏联无视提议后,吕贝尔斯就能获得他想要的、对导弹部署的议会支持。荷兰官方正式批准导弹部署时,正值里根和戈尔巴乔夫将要在日内瓦会面之际,无疑强化了美国的谈判立场。

荷兰病对国内政治同样有影响。PvdA 试图利用核武器话题获取对 CDA 的优势,但却自陷泥潭。该党宣称只要美国的导弹没有彻底无条件地从荷兰领土上撤除就不会加入任何内阁。PvdA 的自我流放持续到里根和戈尔巴乔夫达成 1987 年的《中程核力量条约》(Intermediate Range Nuclear Missile Treaty)为止,因为该条约令此问题失去了实际意义。

1985 年后,荷兰的和平运动不再有规模浩大的特征。泛信仰和平咨询委员会(Interkerkelijk Vredesberaad, IKV)所发行季刊的订阅人

数在1985年达到最高的2万，此后就急遽下降。对荷兰参加海湾战争(1991)的抗议——尤其与德国国内的抗议相比——徒然表现了和平运动式微的程度而已。走上阿姆斯特丹街头的抗议者人数之少，使得报纸和电视上都没有报道。海湾战争后一段时期，荷兰反战组织抱怨民众对他们的事业不感兴趣，政治积极性不够，政治理想被抛弃一旁。

但这并不是因为民众改变了，而是问题本身改变了。基督和平会(Pax Christi)——荷兰最古老的宗教反战组织之一——已转而专注于帮助来自苏丹的难民、地雷清除和禁用、欧洲的军事合作，以及电视、电影、电脑游戏、音乐和武器玩具中的暴力。IKV支持荷兰向前南地区派遣维和军队。基督和平会及IKV在前南地区构建组织，试图开启双边对话，增进敌对双方的理解。他们还在荷兰组织援助项目，支持为拒绝服兵役的南斯拉夫人提供庇护。

美国核导弹部署在荷兰领土，令荷兰成为先发制人或报复打击的 174
目标，民众对此很在意。新的热点话题远在他国且无实质威胁，政府也应对得更好。但荷兰病没有被根治，只是处于未发状态。和平主义、反军事主义、中立主义仍是荷兰特征的组成部分。

175 # 第十三章　冷战后的新世界

## 君主制

英语中“王室”(royalty)一词包含的所有性关系和金钱的琐碎联想,看起来都与荷兰王室家族无关。当然,他们也有丑闻,例如伯恩哈德亲王(贝娅特丽克丝女王的父亲)身陷洛克希德贿赂案,但完全没有温莎家族的那类事。在荷兰语中,**王室的**一词为 *koninklijk*,充满了浮华和排场。每年 9 月的第三个星期二,女王会乘着金色的马车,在总议会开幕式上发表演说。这一精心编排、颠倒时代的举措提醒民众(也许只是潜意识地),女王的统治权源自另一个时代,而那个时代,让人觉得基本上属于辉煌的神话而非历史。

为尼德兰王国的臣民们维持这份尊贵而虚华的感受也是王室的工作之一。这完全是一项家族营生。每个季度,荷兰王室都要召开一次家族会议,讨论每个成员要担当的公众角色和职责。王室呈现给国民
176 的幻象,是让君主制得以在荷兰实行的原因之一。外国人有时对这一状况难以理解,只有在王室权威下成长的民众才能完全感受到这份权威。虽然媒体在向民众投射王室形象的过程中扮演了关键角色,也同样有力量摧毁这种形象,所以荷兰王室与媒体保持着距离。人不能总在“坚守岗位”;总有些时间要做回自己。但跟温莎王室相比,贝娅特丽

克丝还是相当面向公众的。

这位女王对媒体上的言论保持着密切的关注。例如,《新鹿特丹快讯》1995 年对王储威廉·亚历山大的一次采访报道就不能发表,因为女王要求重写其中的一部分。类似地,1997 年保罗·维特曼对王储进行的一次电视访谈被剪去了 12 秒,访谈播出后,国家新闻办公室(Rijksvoorlichtingsdienst)禁止制作方将拷贝提供给公众。此外,所有登出访谈全文的网站都被迫删除这些内容。

1998 年是贝娅特丽克丝女王登基 18 周年。取代其母亲后,她带来了属于自己的王室统治风格。其母朱丽安娜女王被视为国家之母(Queen Mother),贝娅特丽克丝则带来干练的新风气。她是完美主义者,领导风格明智循理,记忆力出众,仿佛精力无穷。

为表明女王的职责范围,荷兰媒体常常引用 1867 年英国作家沃尔特·白芝浩(1826—1877)对立宪制下君主权利的描述:"被征求意见的权利、鼓舞和警示的权利。"[①] 新闻记者哈里·范韦恩(Harry van Wijnen)用更现代的方式表述为:她的职责是"在宪政中成为政府的制衡…… 实际上就是一个影子政府"。[②] 在英国,影子政府由反对党组成;在荷兰,无论哪个党执政,影子政府总是不变的。每周一和女王会面谈论时政的总理维姆·科克,说她知道自己权力的限度,但她会"最大化利用自己拥有的可能性和职责"[③]。

和大臣会谈时,女王对话题总是了解充分,所以大臣也最好对情况有同等程度的掌握。为朱丽安娜和贝娅特丽克丝两位女王效力过的前首相范·阿赫特回忆道:"若你没把所有的资料准备好,难以回答某些提问,用含糊其词是不能蒙混过关的。因为两位女王不仅思维敏锐,而

---

① Walter Bagehot, *The English Constitution* (1867) "The Monarchy," 引自 Angela Partington, ed., *The Oxford Dictionary of Quotations*, revised fourth edition (Oxford: Oxford University Press, 1996), p.47, item 8。

② Harry van Wijnen, "Ze wil de regie in handen houden", *Profiel* (人物志; NRC 的一份每周增刊) (January 29, 1998)。

③ Wim Kok quoted in Grutterink, "BEATRIX ZESTIG: Beatrix praat zelfs met Kok niet over stoppen", Algemeen Nederlands Persbureau wire (January 31, 1998).

且记忆惊人。”[①]贝娅特丽克丝女王作大量的笔记，并会在以后的会谈中援引，提醒参加讨论的人以前说过的话，有时甚至是数年前的。

她毫不含糊地阅读所获得的全部报告和决策书，在空白处批注，并写下一长串问题。若一位大臣与女王探讨一个重大或有争议的问题，他会得到诸如此类的提问：“你考虑过这种可能性吗？”“你在决策中权衡过这一方面吗？”“你能否更深入地研究下那一点？”一位经常去博斯宫（王宫）觐见的政治家说：“提问、无止境地提问，这就是她的武器。”不
177 过这位政治家必须在不透露姓名的前提下才愿意同报道者谈论女王，因为媒体上有关王室的所有信息均被严格控制。

与其母亲、于 1948—1980 年在位的朱丽安娜女王（1909— ）相比，贝娅特丽克丝女王离民众要远得多，但这无损于她受欢迎的程度。民意调查仍显示君主制的支持度一如既往地高。例如，1998 年的一次民意调查表明超过 66%的人相信荷兰在 50 年后仍会是一个君主制国家。1997 年的一次调查显示，三分之二的荷兰人觉得贝娅特丽克丝女王应在达退休年龄时让位于其子——王储威廉·亚历山大。女王在 2003 年满 65 岁。但若贝娅特丽克丝像其母亲一样，直到 71 岁才退位，威廉·亚历山大就要等待更久。他说他已准备好承担这一职责，但并不介意等待。

在被一些评论人士称为王储君王气度的全方位测试的维特曼访谈中，威廉·亚历山大说，在准备成为国王的过程中，他想模仿的对象是威廉一世（1772—1843）和他的商业冒险精神，这位“商人国王”努力促使荷兰走向繁荣。当维特曼问到他与最近 3 任女王中的哪位最相似——“威廉明娜，坚强的女性政治家；朱丽安娜，社会的母亲；或贝娅特丽克丝，完美的管理者”——他的回答是“我的祖母”。试看威廉·亚历山大成为威廉四世时会带来何种风格上的改变，会是很有乐趣的一件事。

---

① Andreas Antonius Maria van Agt, “Speurend als een buizerd”, *Profiel* (January 29, 1998).

威廉・亚历山大还未婚,他对新娘的选择会造成相当的媒体轰动效应[1]。王室罗曼史和奢华婚礼不仅能让报纸和电视广告大卖,也是一桩国家大事。威廉・亚历山大的选择必须获得总议会的首肯。但是一旦他作出选择,就会是最终的决定,如他在同维特曼的访谈中所言。178 若总议会不认同那位女子,那么他会放弃王位的继承权。“这一决定是绝对的,你不能在下决心后改变主意。”王子说。同时,他清楚意识到其妻子将要承受随之而来的责任、付出相应的代价:“我期望我最终的妻子在对她而言全新的工作中作出巨大的努力。她也将不得不放弃极大一部分私人生活。”他已从查尔斯和戴安娜的经历中学到了教训。

大部分荷兰人觉得他应遵从自己内心的喜好,对于威廉・亚历山大的婚姻,公众舆论无疑会如在贝娅特丽克丝宣布同一名德国人订婚时那样,对总议会有所影响。贝娅特丽克丝的婚事,在距二战结束仅20 年的时候仍是相当敏感的话题。令政府某些成员沮丧的是,超过75%的民众支持她的选择。总议会不可能指望王储允许他们成立委员会,为王后的“职位”面试候选人。虽然在过去,政治婚姻是王室家族的惯例,但在 21 世纪就显得不合时宜了。

## 武装力量

### 新使命

冷战的终结开启了防务政策的新时代。战后裁军总是相当迅速的荷兰人,马上把和平的股份换成现金,开始缩减武装力量的规模。主要威胁不再是单一的、容易辨识的敌人。冷战后,威胁来自全球各处不确定的多个“热点地区”。为应对新威胁,荷兰政治家赋予军方新的双重使命:1. 保卫荷兰国土和北约盟国的国土;2. 危机预防和控制(也就是维和)。

[1] 王储 2002 年已成婚并育有子女。他与王妃马克西玛的婚姻起初的确遇到很大阻力,因王妃的父亲曾在残暴的阿根廷军政府中任部长,威廉几乎因此放弃王位,但最后在王室的支持下事件完满解决。——译者注

一方面，预算和人力被削减；另一方面，新的双重使命在荷兰军队中造成相当大的文化和组织变革。军方被赋予的使命和达成使命可动用的资源之间的差距开始显露出来，引发了不小的政治争议。北约东扩令资源更捉襟见肘，给军方早已满负荷且日渐弱化的应对能力增加了负担。

新的双重使命令荷兰军官培训的重点发生了转移。现在，除了要
179 成为军官和战术家以外，他们还要当外交家。危机预防和控制行动要求军方不仅做好战斗准备，还要协助：

- 监管裁军和复员事宜
- 扫雷
- 保护和重新安置难民
- 经济重建
- 人道主义援助
- 选举筹备
- 重建国家政权

这些任务要求与政府和非政府民间组织进行广泛合作，意味着今天的军官需要具备军事学校没教过的技巧。

将荷兰军队投入行动的政治决策，则相应地变得更为复杂。现在，这一问题不再是敌人直接进攻、攸关国家存亡：战斗或屈服？而是对该地区长期和平与安全的间接威胁：这一状况对 6 个月后的荷兰有何影响？一年后呢？会不会升级为更大规模的冲突？

以典型的荷兰方式，决策程序已被细致描述为一套规则，权衡了政治因素和军事因素。政治方面，若行动满足以下条件之一就会得到批准：有助于维持国际和平与安全；拥护国际法准则的贯彻；保护荷兰或欧洲的利益，或盟友——如荷兰所加入的北约——的利益；是多国行动的一部分。军事方面，该行动必须满足这些特定要求：

- 政治和军事目标可以实现
- 政界和社会整体广泛支持
- 明晰的指挥结构

- 明确的交战规则
- 可以接受的风险程度
- 财政允许

正如所有的荷兰规则一样，例外总是存在。荷兰人仍在争论，在决 180
定是否派遣荷兰军队参与联合国前南维和行动时，政治因素是否应凌驾于军事因素。1995 年，荷兰维和部队负责防卫的斯雷布雷尼察联合国安全区陷落，数千名穆斯林被塞尔维亚人屠杀。荷兰蝙蝠营(DutchBat)的表现已成为荷兰军方的一大笑柄。

## 政治控制和裁军倾向

虽然荷兰一度是海上霸主之一，但小气的总议会裁减了海军的规模，令荷兰付出沉重的代价。伟大的海战英雄马尔滕·哈珀特松·特龙普(1598—1653)和米希尔·阿德里安松·德勒伊特，就因为在海军准备不充分的情况下被征召应敌而献出了生命。19 世纪后半叶的荷兰海军没有得到改善。当海上强国建成带装甲、蒸汽动力的战舰——法国最早，于 1861 年——荷兰议会却投票反对效仿。直到 1892 年海军才开始装备现代舰只。

国王曾是军队总指挥，而且不仅仅是名义上的。19 世纪，国王在阵前指挥仍被视作理所当然。卡特勒布拉(1815 年 6 月 16 日)和滑铁卢(1815 年 6 月 18 日)战役中的英雄威廉二世，就一直对军队很偏心。1849 年 3 月 23 日，国王威廉三世当天发布的一份谕令中宣称，满足军队的需要和利益是他神圣的使命，以告慰其父在天之灵。

但是，在尼德兰王国，管着钱袋、指使军队的是政治家而非君主。荷兰人对军事的反感有着长久的历史，裁军很得民心。为节省开支，军队在 1849 年夏季进行了一次裁军，正是威廉三世宣称要满足军队的需要和利益的那一年。

当荷兰面对的威胁升级，政治家对军队的兴趣也相应提高。但是，荷兰在 1918 年一战宣布结束之际马上又开始裁减军队规模。大萧条导致又一轮的裁军，1940 年，当军队应该在德国的威胁下动员起来时，却已经被忽视得太久，既没有足够的装备也没有足够的、训练有素的各级军官来扩军。

荷兰在二战后和冷战期间重建了军队。1986 年，陆军兵力大约为 66 200 人；海军为 17 068 人，包括 2 800 名陆战队员；空军有 17 957 人。冷战结束后，荷兰又把和平兑现，征兵停止，军力下滑。至 1998 年，陆军兵力仅有 33 735 人，空军 13 334 人，不过海军基本保持不变，为 17 450 人。国防总兵力（包括民兵）削减了 40%，为 74 017 人。军事预算削减了近 30%，为 140 亿荷兰盾。

## 征兵制的终结

181 在《我担任陆军军官的岁月》(*Mijn jaren als bevelhebber*)一书中，大裁军时期(1991—1996)的荷兰陆军中将汉斯・考齐(1940— )说，军方本身在其冷战后面临的严峻形势中也有责任，因为没有试图主导局势，而是静候政治家从上而下强加改变。他呼吁其后继者们，不仅对国际事件，也要对荷兰社会中的潮流和状况更加积极主动。这将是一件难事，考齐表示，因为失去被他形容为“同社会联系的脐带”的征兵制，军方将逐步丢掉公众的支持。

为说明废除征兵制给军方带来的潜在危险，考齐指出英国的教训，英国军方的全募兵制度已进入第三代人。1996 年与英国同僚、陆军上将查尔斯・格思里爵士(1938— )的一次会谈中，考齐得知英国公众对军队的支持正在减少。考齐警示，不能让荷兰军队也这样隔离于社会。没有公众和政治支持，一支军队就会失去其存在的政治和社会正当性。

王储威廉・亚历山大是军方的坚定支持者，在三军中均有军衔，是海军后备役舰长、陆军后备役中校和空军后备役中校。他无疑读过考齐的书。在 1997 年与保罗・维特曼的访谈中，他同样评价到军队现在
182 是如何由于征兵制的废除而失去同民众的联系。他的目标之一是成为军方和民众的桥梁，因为他相信军队有继续存在的必要，并预计人们会再一次关注军方的需求。仿佛是为了证明王储观点的正确，一些评论

家仅针对这一点而抨击他在访谈中的表现。

## 维和

在冷战后削减军事预算和兵力的同时，荷兰政治家们还给军方加上了国际维和的使命。维和任务在政治上有非常高的支持率。自冷战结束起，维和行动的次数显著增多。目前，联合国有大约 26 000 名维和士兵和警察在世界各地执行维和任务。

联合国自 1945 年诞生时起就参与维和行动。联合国停战监督组织(UNTSO)自 1948 年起就在监管以色列和诸阿拉伯邻国的分界线。荷兰军方自 1956 年起向 UNTSO 提供维和部队。

自 1990 年“沙漠风暴行动”成功后，安理会投票通过了一系列其他联合国维和行动。

南斯拉夫稳定部队(SFOR)是由北约运营、联合国委任(安理会第 1088 号决议)的军事行动。1997 年 6 月，荷兰有 1 296 名军事人员参加这项行动——在严格意义上的联合国行动中，这是迄今为止荷兰参与人数最多的一项。若与 SFOR 相关的联合国和欧盟维和行动也计算在内，荷兰派遣到前南执行维和任务的军队共有 1 661 人，而他们在全世界的维和士兵总人数仅为 1 702 人。

在中东，荷兰的军事人员参与了联合国驻黎巴嫩临时部队(UNIFIL)和格兰高地的联合国停火部队(UNDOF)的维和任务。监督伊朗销毁大规模杀伤性武器的联合国特别委员会(UNSCOM)，以及 183
在波斯湾监督伊朗遵守联合国安理会 665 号决议的联合国多国海上拦截部队(MIF)中，也有荷兰的参与。

非洲的联合国安哥拉核查团(UNAVEM)中有 26 名荷兰维和人员参与。联合国项目服务办公室(UNOPS)主持的卢旺达排雷学校中也有两名荷兰教官。在柬埔寨参与过维和行动的荷兰士兵超过 2 000 人，现在有一支小型荷兰团队在联合国开发计划署(UNDP)的柬埔寨排雷行动中心(CMAC)执行任务。自 1933 年起，荷兰有一名观察员常驻摩尔多瓦，为欧洲安全与合作组织(OSCE)监督苏联第 14 军的撤军。

荷兰国防部还负责为国际维和工作派遣维和警察和警方顾问。荷兰警方顾问参与欧盟主持的多国警务咨询小组(MAPE)在阿尔巴尼亚的工作。在南斯拉夫,荷兰为联合国国际警察部队(UNIPTF)提供顾问,该部队为当地警力提供培训,并维持法律和秩序。

1997年,荷兰在维和行动中的开支为2.055亿荷兰盾,其中4 000万缴纳给联合国,占联合国所有成员国缴纳总金额的1.59%。

## 军方的公共关系

参与南斯拉夫维和行动的结果之一是令荷兰军队饱受质疑并大丢颜面。1995年,由荷兰蝙蝠营负责防务的斯雷布雷尼察安全区落入塞尔维亚人手中,数千名在那里避难的穆斯林随后遭到屠杀。

蝙蝠营指挥官在斯雷布雷尼察陷落后马上发表的奇怪声明并没能帮助他们恢复军事声誉。卡雷曼斯上校说他"确实没有想到"去问问塞尔维亚上将姆拉吉奇,那些被带走的穆斯林会遭受什么样的命运。另外荷兰蝙蝠营还被怀疑拒绝向受重伤的穆斯林普通民众提供帮助。更多指责来自弗兰肯少校签字的那份"弗兰肯名单",上面列
184 有荷兰蝙蝠营所雇用、没有联合国证件的当地人,这份名单被交给了塞尔维亚人。蝙蝠营迎接荷兰高官时的隆重排场令这一切显得更难以接受,这一仪式还在荷兰的电视上播出,就在斯雷布雷尼察发生屠杀的同时。

斯雷布雷尼察陷落后的一次民意调查显示,只有三分之一的荷兰人信任军方。虽然在1997年已恢复到大约60%,但跟各邻国相比还是较低:英国是79%;法国是73%;德国是71%。

若用第十一章介绍过的荷兰那种避免冲突的文化传统作为背景来看,荷兰蝙蝠营的表现就多少不那么难以理喻了。《NRC》记者马尔滕·许根,将荷兰蝙蝠营的表现同荷兰在二战中的表现作了比照:"尼德兰的军队与民众没有任何不同…… 军方对二战听闻良多,可并没有从中学到太多。"当走投无路的时候,就会"整理名录,与侵略者

达成一致”[1]，一如荷兰政府在占领期帮助德国人把犹太人逼入绝境那样。

全募兵制的荷兰军队正为兵源犯愁，因为斯雷布雷尼察，因为就业状况的改善，也因为荷兰人普遍不喜欢军队。为应对这一问题，政府在考虑将募兵年龄下调到 16 岁。为改善人们对军旅生活的印象，军方与约翰·德·莫尔制片公司(John de Mol Productions)合作，制作了电视系列片《战斗》(*Combat*)。这部片子于 1998 年通过维罗尼卡电视广播网进行了首播。女性也将在军队中占据更大比重。荷兰已设定目标，要在 2010 年让女性占到士兵总数的 12%、国防部文职人员的 30%。

## 国际防务共同分担政策

荷兰政治家在寻求进一步削减军事开支，觉得让更多防卫责任成为共同义务是方法之一。1998 年国防预算的“备忘录”明确声明：“荷兰的国防政策只有在国际范围上考量才能成功。”这对荷兰而言并不新鲜。荷兰对国联的兴趣、对二战前夕的国际共同防务政策的兴趣与现在一样。

冷战后，荷兰继续视北约为他们国际化防务政策的基石。他们坚 185
定支持北约扩张，吸收前华约成员国。这一扩张的代价相当于每年 2.7 亿荷兰盾，共计 10 年；荷兰每年承担其中的 1 300 万。

同时，他们坚定支持联合国更积极地开展维和行动。1994 年，外交大臣、六六民主党成员汉斯·范·米尔洛(1931—　)提议创建联合国旅，以让荷兰拥有一支属于自己的快速反应部队，响应联合国的需要。虽然无法马上取得政治上的一致同意，但他的提议清晰地凸显出荷兰人的意图，即将自己的防务根植于多边的、国际化的军事结构，而非单纯依靠自己的军事力量。

---

① Maarten Huygen, “Goed en fout in Srebrenica”, *NRC-Handelsblad* (November 2, 1995).

在北约和联合国以外，荷兰还加入了同德国组成的联合军队。欧洲军事联合是政治和货币联合后唯一符合逻辑的步骤。但是，欧洲的主要大国并不像荷兰那样渴望联合军事行动，这过多地让本国的安全依赖于他国。

## 欧洲经济与货币联盟

1992 年签署于马斯特里赫特的条约令欧盟成员走向经济与货币联盟(EMU)。新的欧元区将和美国的美元区一样大小，居民人数有 3 亿，占全球国内生产总值的 19.5%、世界贸易的 18.5%左右。

在 1998 年 5 月的第一个周末，11 国——奥地利、比利时、芬兰、法国、德国、爱尔兰、意大利、卢森堡、荷兰、葡萄牙和西班牙——达到成为 EMU 首批成员国的经济标准，从而获取了资格。某些国家(如比利时和西班牙，其债务分别为国内生产总值的 118.2%和 119.0%)采用了变通的财政统计方法才得以通过。启动 EMU 运作的会议因政治争端而受阻，争端的焦点是欧洲中央银行(ECB)行长的人选。除法国以外，所有欧盟国家的央行都支持荷兰人威廉·弗雷德里克·德伊森贝赫(1935—　)担任这一职务。德伊森贝赫此前已是法兰克福欧洲货币机构(European Monetary Institute)的主席，并在这一职务上表现杰出。但法国希望他们的央行行长让—克洛德·特里谢(1942—　)得到这一
186 职务。认证会议上，这一问题直到德伊森贝赫主动让步才达成妥协，他将在 4 年后让位给特里谢，而非任满 8 年任期。

这一人选不仅是国家荣誉的问题，而且关乎欧洲货币政策的理念和立场。德伊森贝赫代表严格的货币政策，特里谢则代表更自由开放的货币政策。为了让若干成员国加入而采用的变通财政统计、央行行长人选(以及欧洲货币政策走向)上的异议，对那些努力作出艰难但却是 EMU 成功所必需的决断的欧洲政治家——在欧洲中央政府和部门任职者——而言不是好兆头。为使 EMU 成为现实，11 国必须克服一系列困难。它们的政府各行其政，经济各有差别，文化差异则更大。

欧元在 1999 年 1 月 1 日问世，但 11 国的货币将继续流通。在三

年的转型期后，欧元于 2002 年 1 月 1 日开始流通。6 个月后的 2002 年 7 月 1 日，法郎、马克、爱尔兰镑、里拉、荷兰盾、埃斯库多和比塞塔不复存在。每个国家会印铸自己的欧元货币，一面为本国徽标，另一面为相同的欧元徽标。来自某国的票面可在所有其他国家通行。

欧元成为货币后，EMU 的成员国会把设定利率和汇率的权利让给美茵河畔法兰克福的欧洲中央银行。根据《马斯特里赫特条约》，成员国必须将财政赤字控制在 GDP 的 3%以下、未偿国债控制在 GDP 的 60%以下，同时通货膨胀不能失控。成员国的政治家们依照条约规定放弃设定利率和汇率的权利，就将失去设置经济政策的能力。欧元成功的第一步取决于其在国际货币市场上的表现，所以德伊森贝赫和欧洲央行有可能会如德国央行所做的那样，强调低通胀和货币的稳定。这种保守的货币政策不会在所有的成员国受到同样程度的欢迎，尤其在法国。各国政客应对本国经济问题时可以依赖的调控手段——税率的增减、公共开支的增减、利率和汇率的调节——将无法使用。这类决 187
策将必须由欧洲央行为所有成员国制定，以促成 EMU 的成功。

EMU 存在的前提假设之一是资源能在欧元区内自由流通，这样就能弥补上述经济问题所带来的损失。成员国仍在按要求调整法规，以实现自由流通的目标。但即便成员国的法律规范都符合要求，还有一个问题亟待解决：金钱和商品也许能在区内自由流通，可劳动力是另一回事。

虽然荷兰的失业率正处于历史低点，但欧洲其他地方却恰恰相反。在美国，工人可以选择从一个高失业率的地区挪到另一个低失业率的地区。虽然不是所有人都利用这一选择权，但这仍是个实实在在的出路，因为美国各地区有一致性。加利福尼亚学校所教授的英语和纽约、华盛顿或佛罗里达都一样。在欧洲，3 小时车程就能带你到另一个文化截然不同的语言区。欧洲过去就有、现在仍存在的外籍工人问题清楚表明，欧元区内的劳动力流动将受到极大的限制。这一问题极有可能导致 EMU 的破产。解决劳动力问题将需要成员国之间前所未有的政治合作。

EMU能够成为欧洲的积极因素，就如19世纪晚期美国实行的单一货币制那样。美国的单一货币直到联邦政府开始印钞以支付内战开销时才出现。此前各州银行发行自己的货币。很多人认为，在全美实行单一货币制度是美国成为世界最强经济体之一的一个主要原因。

## 环境

20世纪60年代，荷兰人的环境意识开始增强。起初，三角洲防洪工程计划把斯海尔德河完全与海洋隔离。这会让斯海尔德河从咸水转为淡水环境，就如须德海变成艾瑟尔湖后那样。这将给该地区的农业带来可观的帮助，减少从斯海尔德河渗入土壤的咸水可以增加农作物的产量。另一方面，这一变化将意味着独特的自然生态环境——一个
188 咸水潮汐带和相应动植物群落——的消失，还会使斯海尔德河的贻贝和牡蛎养殖业消亡。荷兰选择保留原始生态环境，建设一座带闸门的突堤，可在需要时关闭。同样的环境考量终止了玛克旺德圩田(Markerwaard Polder)的排水工程，这本是艾瑟尔湖计划的一部分。

### 堆积成山的沼肥

90年代，环境因素在决策中变得更加重要。得到关注的不仅有水生环境、工业污染、尾气排放和酸雨，还有家禽、奶牛和猪的饲养所带来的沼肥堆积问题。施到土壤里的粪肥若超过农作物需要量就会破坏环境，没有被植物吸收的硝酸盐会进入地下水。若以液态喷洒粪肥，其中的氨会逸入空气造成酸雨。

畜牧业是荷兰的重要产业。1995年，牛奶和乳制品出口额达76亿荷兰盾，占荷兰总出口额的2.5%。过剩粪肥的处理成了一个重大的政治命题，问题的根源在于荷兰人养殖牛、猪和家禽的方式。荷兰是个小国，为了在战后时期满足肉类和乳制品需求，农夫采用了“集约型”畜牧养殖方法。集约型奶牛场占地极少，但奶牛数量很多，农场土地不足以承载粪肥，于是产生富余。

在80年代早期意识到这一问题后，农夫开始减少牲畜的数量。奶

牛产生75%的沼肥,猪占22%,家禽为3%。在80年代,牛数量为520万头,猪有1 400万头。到1997年,牛减少至50万头,但猪的数量保持不变。1994年,荷兰的家畜粪便堆积量为8 300万吨,其中1%估计为富余。荷兰已试过若干方法来处理富余粪肥——运到国内无富余的地区作为肥料使用、加工成粪丸作为肥料出口、财政调控、要求农夫对粪肥作记录——但解决得均不彻底。他们仍在与这个问题缠斗。

虽然牛和乳类牲畜的规模缩小了,农夫还是设法通过更好的繁殖 189
和饲养技术将产量维持在相同水平。1950年,一头奶牛的年均产奶量为3 300升;1995年升至6 500升。在20世纪80年代中期达到供大于求,为避免乳制品过剩,欧盟在1984年设立了牛奶配额以限制牛奶产量。荷兰农夫尤其感到这一条规的压力,因为他们的牛奶和乳制品大约有30%出口到欧洲国家。

粪肥控制不是荷兰畜牧业者要面对的唯一环境问题,消费者还开始关切牲畜的饲养环境。自由放养的肉类和禽蛋虽然更昂贵,却越来越受欢迎;大量牛、猪和禽类农场正承受着改变生产方式的压力。这会很难,因为可用于畜牧业的土地有限。

### 外交关系问题

莱茵河污染是一个严重的环境问题。莱茵河不仅是运输干道,也是荷兰饮用水来源。莱茵河污染抵达北海后,也污染了荷兰的海岸。对于荷兰,这不仅仅是生态问题。瑞士、德国和法国,这些莱茵河抵达荷兰前流经的国家都增加了污染程度。莱茵河净化需要这些国家的合作,也需要荷兰采取行动。这使其不仅成为环境问题,也成为外交问题。

### 以税收调节

医疗和福利部成立于1971年。全国范围的空气污染监控始于1975年。无铅汽油直到1987年才在荷兰市场上出现,至1990年获得了49%的市场份额,至1997年增加到近80%。无铅汽油和催化式排气净化系统不是荷兰政府为减少汽车污染所采取的唯一步骤。为减少污染，政府在 1981 年给汽油和柴油增添了一项附加消费税。1997 年，汽油税再度提高了 13 荷兰分每升，使汽油价格达到每升 2.30 荷兰盾，或每加仑 8.71 荷兰盾，其中大约四分之三是为弥补税收带来的成本。
190 提税的主要目标是增加驾车成本，令公共交通相对自驾而言更加经济，从而减少污染。

减少路上出行的车辆不仅减少污染，也减少荷兰政治家对拥挤不堪的公路系统进行升级的压力。筑路在荷兰尤其昂贵，因为大部分土地都有沼地特征，而荷兰政府越来越意识到他们必须减少开支。

税收是荷兰人偏爱的调控手段。1966 年，荷兰设立针对个人家庭能源使用的生态税：能源调控税(Regulerende Energie Belasting, REB)。800 千瓦时以上的电力或 800 立方米以上的天然气消费部分会被征税，税率为每千瓦时 3.5 荷兰分和每立方米 9.53 荷兰分。该税种的目的是通过把高消耗与高消费挂钩，让用户购买更多节能电器、改善住房的隔热性能。1995 年，为帮助消费者理解大家电的耗电量，荷兰设立规定，要求所有新出厂的冰箱和冰柜标明能耗。

REB 收得的财政资金被拨给可再生能源生产商，例如风能、水力或光伏能。1996 年，生态税收取的税金超过 10 亿荷兰盾：6.498 亿来自电力，4.46 亿来自天然气。

除了生态税，所有新建筑设计和大规模建筑翻新的规划都必须提交能耗状况(EUF)报告，表明该建筑的能源利用将符合政府公布的要求。如果设计不合要求，建设就不会获得许可。EUF 标准同家庭电力和天然气的平均消耗量挂钩，电力消耗被转换成同等能耗的天然气立方米数来进行计算。1993 年的基准为每年平均每户家庭 1 500 立方米天然气。这一规定的实行是分阶段的，这是典型的荷兰方式。1995 年提交的建筑设计案必须将 EUF 控制在不超过 1.4(1 400 立方米)；1998 年的要求是 1.2(1 200 立方米)；至 2000 年，新建筑的 EUF 必须不超过 1.0(1 000 立方米)。

实现这一目标的方法则由建筑承包商决定，可以是新建筑工艺(更好的隔热)或科技(太阳能辅助的屋顶热膜)的任何组合。预期是业主能通过节约能源成本来补偿建筑中的额外支出。这类建筑技术的价格也会随需求增加而降低。价格降低后,荷兰会重新考虑设定标准,以跟 191
上节能效益的提高。荷兰每年总能源消耗为 8 300 亿千瓦时,使用这些现代科技估计可节省 2 440 亿千瓦时,折合大约 480 亿荷兰盾。

荷兰还给投资可再生能源的公司提供税收优惠,降低他们的投资成本。这些能源的消费者可享有增值税优惠(6%而非通常的 17.5%)。这些优惠手段帮助可再生能源保持能与矿物燃料等传统能源竞争的价格水平。在证券市场,投资“绿色”——提供可再生能源产品的——公司可获得优惠待遇,这些股票的红利和收益可免税。

## 核能

如很多其他国家一样,荷兰的核能工业正在走向消亡。该国两座核发电站提供全国发电量的 5%。1986 年基辅附近发生切尔诺贝利事故后,荷兰决定不再兴建任何核能发电站。多德瓦德(Dodewaard)核电站在 1997 年关闭,博尔瑟勒(Borsele)核电站将于 2004 年关闭。[①] 192

① 但该核电站目前仍在运转,且计划将运营到 2033 年 12 月。——译者注

# 193 附录1　荷兰历史上的著名人物

这是一份按荷兰语字母排序的小注，供今后可能利用荷兰语文献进行研究的读者参考：荷兰语中以德(de，相当于英语定冠词 the)、范(van，相当于英语介词 of)、或经常简化为 v. d. 的范德、范登(van de/ van den/ van der)打头的姓氏，用这些前缀之后的字母作为排序依据。例如，范·霍伊茨(Van Heutsz)归于“H”列而非“V”。本书遵循这一原则。

**阿赫特，安德烈亚斯(或“德赖斯”)·安东尼厄斯·马里亚·范(1931—　)。**政治家、CDA 成员。范·阿赫特在奈梅亨天主教大学接受过律师专业学习。他是约普·登厄伊尔(见本部分的小传)内阁(1973—1977)的副首相和司法大臣；CDA—VVD 联合内阁(1977—1981)和短命的 CDA—PvdA—D'66 联合内阁(1981 年 9 月至 1982 年 5 月)首相，后者因失业问题倒台；以及随后的 CDA—D'66 联合内阁的外交大臣，这一联合内阁也于 1982 年倒台后，范·阿赫特从国内政界隐退，由吕德·吕贝尔斯继承其党派领袖和首相职务。范·阿赫特后来担任欧盟驻日本(1987)和美国(1990—1995)大使。

194 **阿塞尔，托比亚斯·迈克尔·卡雷尔(1838—1913)。**1911 年与阿尔弗雷德·弗里德(Alfred Fried)共同获诺贝尔和平奖。阿塞尔因其国际仲裁方面的工作而获评审委员会认可，一名委员称他是“讲求实际的法律政治家”,以及“国际法律关系领域的开拓者”。阿塞尔是知名谈判家,参加了几乎所有荷兰在1875—1913年间缔结条约的谈判。作为1899—1907年的海牙和平会议荷兰代表团主席,他是用强制仲裁来取代武力解决国际争端的倡议者之一。他协助筹划和组建了海牙国际仲裁法庭,并听审了首个案例——美国和墨西哥就是否该用墨西哥宗教虔诚基金补贴加利福尼亚牧师的争端。法庭作出了有利于加利福尼亚牧师的判决。

**布尔哈弗,赫尔曼(1668—1738)。**医学教授,创建了现代临床教学法。1737年,他在莱顿大学的97名学生中有60名是外国人。他的学生将所学的方法带到各地,有维也纳的赫拉德·范·斯威尔滕、安东·德·亨;爱丁堡的约翰·拉瑟福德,以及在多所德国大学任职的阿尔布雷希特·冯哈勒尔。他的影响十分巨大,在逝世后30多年的1770年,腓特烈大帝宣布所有的医学教授都必须遵循布尔哈弗的教学法。

**布鲁克,汉斯·范·登(1936—　)。**荷兰驻布鲁塞尔欧洲特使。他担负中欧、东欧、独联体、蒙古、土耳其、塞浦路斯和马耳他的外交职责,以及欧盟共同外交和防务政策。在1993年就任此职务之前,他是1982—1993年的荷兰外交大臣。

**考特,彼得·德·拉(1618—1685)。**荷兰17世纪最重要的政治理论家之一。他捍卫荷兰省议会的政策,反对执政王的政治方针。其发表的著作为**真正的自由**(*Waare Vrijheid*)这一理念奠定了基石,该理念兴起于第一次无执政王时期(1650—1672),强调各行省的自主独立。他的《莱顿城的繁荣》(*Het welvaren der stad Leyden*)一书反对行会垄断,支持自由市场。在约翰·德·维特(见本部分小传)的鼓舞下,他增订了此书,讨论了整个共和国的事务。其中,他捍卫经济、宗教和行政自由,反对执政王、支持行省权利的人把这些自由作为自己理念的基 195
础。他撰写了《荷兰伯爵统治史》(*Historie der gravelike regeering in Holland*),以揭露至高权力并不属于伯爵,而来自民众。

**多尔曼,卡雷尔·威廉·弗雷德里克·马里(1889—1942)。**海军英雄。1942年与日本的战争爆发时,多尔曼是ABDA(美国、英国、荷兰、澳大利亚)联合打击舰队司令。当日本准备登陆爪哇岛，多尔曼率其分舰队投入战斗，发出信号：“我正在攻击，全舰队跟上。”强大得多的日本舰队轻易摧毁了几乎整个分舰队。多尔曼与他的旗舰、巡洋舰**德勒伊特**——以米希尔·阿德里安松·德勒伊特(见本部分小传)之名命名——和船上大部分船员一起葬身海底。

**德吕克，威廉明娜·伊丽莎白(1847—1925)。**女权运动者和记者。她是一名未婚妈妈的女儿，真实姓氏为伦辛(Lensing)，童年艰难，是一名自强成才的女性。1889年，她设立自由女性协会(Vrije Vrouwenvereeniging)，这是第一个致力于消除法律和政治加诸女性身上的限制的组织。1894年，她与阿莱塔·雅各布斯(见本部分小传)共同开始女性选举权协会(Vereeniging voor Vrouwenkiesrecht)的创建工作。从1913年至去世，她一直是女性运动杂志《进化》(*Evolutie*)的编辑。该杂志发行于1893—1926年间。70年代早期的激进女权运动“疯狂明娜”就以她的名字命名，明娜是威廉明娜的简称。

**德伊森贝赫，威廉(维姆)·弗雷德里克(1935—　)。**财政家。他拥有格罗宁根大学的经济学博士学位，其学位论文的主题是裁军的经济效应。他曾在华盛顿为国际货币基金组织工作，后在阿姆斯特丹大学教授经济学。1973—1977年间，他担任约普·登厄伊尔(见本部分小传)政府(1973—1977)的财务大臣，属于PvdA。从政界隐退后，他曾先后在荷兰合作银行和荷兰中央银行工作。受荷兰中央银行聘用期间，他担当若干国际性职务，例如“中央银行的银行”、巴塞尔国际结算银行的董事会成员；欧盟央行首脑委员会主席；国际货币基金组织荷兰
196 代表。1996年，他被一致选举为欧洲货币机构主席；1998年，尽管法国和其他欧洲国家意见不合，不同意他的任命，他还是成为欧洲央行主席。

**艾因特霍芬，威廉(1860—1927)。**1924年诺贝尔医学奖得主。生于荷属东印度群岛(现印尼)的三宝垄(Semarang)。艾因特霍芬因发明心电图测绘的基本机制而获诺贝尔奖评审委员会认可。他在获奖发言的结尾对其他在该领域作出贡献的人予以了肯定：“心脏疾病科学的

新篇章已经展开，不是因为某一个人的工作，而是来自无数有才华的人的努力，他们致力于自己的研究，不受任何政治因素的局限。”

**伊拉斯谟，德西迪里厄斯（约 1466—1536）。**中世纪后期最伟大的欧洲思想家，是当时最具批判性的学术研究者之一。在一个宗教狂热肆虐的时代，他宣扬宽容的、基督主义的人道精神。他支持博爱宽容的哲学理念，坚持知识分子的绝对诚实和正直。他的文字表达出与同时代佛兰德斯绘画一样肃穆的荷兰式价值观。他是良知和节制的化身，但并非没有幽默感。他说他的马一定是全欧洲最聪明的，因为曾造访过如此之多的大学。荷兰设伊拉斯谟奖，表彰对欧洲文化或社会科学作出杰出贡献的个人或机构。鹿特丹的伊拉斯谟大学以他命名。

**格伦·范·普林斯特勒，纪尧姆（威廉）（1801—1876）。**反对革命党（Anti-Revolutionary Party）创始人。他在第二院不懈反对约翰·鲁道夫·托尔贝克的自由主义政策，对民主抱有怀疑，支持给君主而非议会更多权威。他也极其反对恢复天主教的权利。在学院斗争中，他所支持的理想方案是严格奉行新教的国立学校。因此，他起初反对为特殊学校（在他看来属于天主教）提供财政支持，但后来形势变化，只有特殊学校才能够严格奉行新教，于是他转而支持特殊学校。

**赫罗特，胡戈·德（又称胡戈·格劳秀斯）（1583—1645）。**17 世纪荷兰最重要的政治理论家，被视作国际法的奠基人。他在该领域最显著的成果是 1625 年出版于巴黎的《战争法权与和平法权》（*De Jure Belli ac Pacis*）。1613—1618 年间他担任鹿特丹议长[1]（pensionary），197
后被莫瑞泰斯亲王驱逐，并判处终身监禁，关押于卢文斯坦城堡。他在 1621 年藏身于一个用来装书的箱子里成功脱逃。此后居于巴黎，再没有返回荷兰。

**海因，彼得（皮特）·彼得松（1577—1629）。**海军英雄。海因是为荷属西印度公司效力的私掠船船长。1628 年，他在古巴马坦萨斯

① 最早始于 15 世纪的联合行省重要市政官职，相当于文书及法律顾问，在 16 世纪末期已成为若干城市实质上的统治者。——译者注

(Matanzas)湾(哈瓦那以东 10 英里)缴获西班牙“珍宝船队”(Silver Fleet),获得的财富达 1 200 万荷兰盾。海因极受荷兰民众爱戴。荷兰民众在公主朱丽安娜(见本部分小传)和亲王伯恩哈德 1937 年结婚时所赠的游艇就叫皮特·海因。

**霍伊茨,约翰内斯·贝内迪克特·范(1851—1924)。**军事将领和殖民地长官。1872 年授衔少尉,自愿前往亚齐战争(1873—1877)刚刚爆发的荷属东印度(现印尼)。在公务生涯中,他辗转荷属东印度各地,职位不断攀升,最终担任的是苏门答腊北部亚齐的军事和民政长官。在这一职务上,他创立新的军事政策,最终在 1904 年实现整个亚齐的和平。他在那一年返回荷兰,但数月后马上被重新任命为荷属东印度总督。作为总督,范霍伊茨设立教育体系,旨在最终使印尼成为独立的国家。这一教育工程被他的继任者伊登堡(1861—1935)和范·林堡-斯蒂罗(J. P. van Limburg-Stirum,1873—1948)所延续,但在 30 年代的国际经济危机中一度中止。荷兰皇家印度陆军(The Royal Dutch Indian Army, KNIL)在 1950 年 7 月 26 日解散。为确保 KNIL 的传统在荷兰军队中延续,荷兰指名一个步兵团为 KNIL 的继承者,并赋予它光荣的番号:范霍伊茨团。

**雅各布斯,阿莱塔·亨丽埃特(1849—1929)。**女权运动家。她在家中 11 个子女中排行第八,是荷兰被准许就读高中并从大学毕业的首位女性。1871 年她在首相托尔贝克的干涉下才得以就读格罗宁根大
198 学,1878 年获得医学博士学位。她在阿姆斯特丹从事妇科和儿科诊疗,每周两天给穷人进行义诊。“基于普查”的投票资格认定并不直接排除女性,但此前从没有女性能达到标准,可雅各布斯做到了。1883 年,她尝试申请投票权,申请最终上达最高法院(Hoge Raad)但遭拒否。此后,1887 年的宪法修正案书面剥夺了女性的投票权利。这一限制直到 1917 年新宪法修正才失去效力。和威廉明娜·德吕克(见本部分小传)一起,雅各布斯是 1894 年成立的女性选举权协会的创始人之一,在 1903 年成为该协会全国主席。1904 年,她协助成立了世界女性选举权同盟(Wereldbond voor Vrouwenkiesrecht),该组织后来成为国

际和平与自由女性同盟(Internationale Vrouwenbond voor Vrede en Vrijheid)。其姐姐夏洛特(Charlotte)是首位女性药剂师,另一个姐姐弗雷德里克(Frederique)是首位获得高中理科教学资格的女性。

**克隆珀,玛格丽塔(马尔哈)·阿尔贝蒂娜·玛丽亚(1912—1986)。**首位女性内阁大臣(1956)。她是天主教女性论辩学会(Katholieke Vrouwendispuut,1948)的共同创始人之一,该组织致力于鼓励女性进入政界、争取社会中的管理职务。她还提倡让女性和世俗信徒在天主教会事务中获得更大发言权。

**克鲁瑟曼,威廉明娜(明娜)·雅各芭·保利娜·鲁道菲(1839—1922)。**女权运动家、女演员、歌手和作家。最早也最激进的女权支持者之一,与贝齐·珀克(见本部分小传)一起改变了民众对女性的看法。《现代犹迪传》(*De moderne Judith*,1873)是她和珀克在 1872 年的巡回演说集。她的小说抨击当时女性依赖他人的生活方式。以斯特拉·奥里斯托里奥·迪弗拉玛(Stella Oristorio di Frama)的艺名,她于 1870 年在美国南部进行了巡回演唱。

**奥凯尔斯,维博·约翰内斯(1946—　)。**荷兰首位宇航员。作为太空实验任务专家,搭乘了挑战者号航天飞机的最后一次成功发射任务(1985 年 10 月 31 日至 11 月 6 日)。返回后,他前往诺德韦克(Noordwijk)的欧洲太空研究与科技中心(European Space Research and Technology Center)工作。

**奥登巴恩维尔特,约翰·范(1547—1619)。**荷兰省首任大议长。 199
因为荷兰省的主导地位,荷兰大议长很快成为尼德兰政治权力的中枢职位。奥登巴恩维尔特还是建立 VOC(1602)的核心人物之一,但反对成立 WIC。他促成了与西班牙的 12 年休战。天主教人民党强烈反对休战,他们不希望同西班牙达成和平;新教神职人员也反对,他们惧怕天主教复兴;莫瑞泰斯亲王和他的哥哥威廉·洛德韦克同样反对,他们认识到和平时期自身的权势将不如战时。1619 年,范奥登巴恩维尔特因与莫瑞泰斯合谋而被处死。他后来被封为支持行省权、反对执政王的殉道者。

**奥登巴恩维尔特，威廉·范(1590—1634)。**约翰·范奥登巴恩维尔特的三子，1623年谋划刺杀莫瑞泰斯亲王。刺杀失败后，他逃往布鲁塞尔，被统治尼德兰南部(比利时)的伊莎贝拉大公妃(Archduchess Isabella，1566—1633)授予一份年金。威廉的哥哥赖尼尔(Reinier，1583—1623)也参与刺杀行动，被逮捕并斩首。

**奥伦治-拿骚，康斯坦丁·范(1969— )。**贝娅特丽克丝女王与克劳斯亲王的三子。1988年就读莱顿大学，在1995年获得法律学位。其论文题为《法律分析：参照日内瓦条约审视庇护程序条款》。他在欧洲大使汉斯·范登布鲁克(见本部分小传)的布鲁塞尔办公处工作。

**奥伦治-拿骚，约翰·弗里索·范(1968— )。**贝娅特丽克丝女王与克劳斯亲王的次子。在柏克莱大学学习机械工程学(1986—1988)，在德尔夫特理工大学学习航天科技学(1988—1994)。完成航天工程管理学位前曾于加利福尼亚的麦道公司实习。1990—1995年间，他还在鹿特丹的伊拉斯谟大学学习商业经济学。1998年，他完成了法国枫丹白露市欧洲工商管理学院的学业，此后获高盛聘用，在伦敦城金融区工作。

**奥伦治-拿骚，朱丽安娜·范(1909— )。**1948—1980年间的尼德
200 兰王国女王。在她治下，签署了授予印尼独立(1949)、将苏里南和安的列斯从殖民地改为联邦成员(1954)的文件，也发生了1953年西兰和南荷兰省造成1 835人死亡的洪灾。对社会事务的高度关切是她在位时期的特征。国际方面，她十分关注难民问题和儿童福利。政治上，她是国际合作和欧洲联盟的热衷支持者。1980年她让位于女儿贝娅特丽克丝。在她32年的在位期间，为她效力的政府要员有威廉·德雷斯爵士(1886—1988)、贝尔(L. J. M. Beel，1902—1977)、扬·爱德华·德夸伊(Jan Eduard de Quay，1901—1985)、马赖南(V. G. M. Marijnen，1917—1975)、卡尔斯(J. M. L. Cals，1914—1971)、耶勒·泽尔斯特拉(Jelle Zijlstra，1918— )、德容(P. J. S. de Jong，1915— )、巴伦德·威廉·比斯赫费尔(Barend Willem Biesheuvel，1920— )、约普·登厄伊尔(见本部分小传)和范阿赫特(见本部分小传)。

**奥伦治-拿骚，威廉·亚历山大·范(1967—　)。**王储，贝娅特丽克丝女王与克劳斯亲王的长子。他在威尔士兰特威特梅杰(Llantwit Major)的大西洋联合世界书院(Atlantic College)完成了国际文凭组织的 IB(International Baccalaureate)课程。就读书院以前，他在荷兰皇家海军服完了兵役。他曾在莱顿大学学习历史(1987—1993)，论文主题为法国在夏尔·戴高乐(1890—1970)总统任期决定脱离北约统一指挥系统后，荷兰所作出的反应。1994 年，他进入荷兰战争学院(Dutch War College)，获得军用和商用飞行员资格。他热爱飞行："对我而言，这是美妙的放松，是唯一可以暂别政府职责的场所，我要负责的是飞行器、我自己和乘客的安全。这样的使命能让我的思想从一切其他事务中解脱出来。因为我必须全神贯注，若按下错误的按钮，没有任何人会来帮我弥补过失。"

**珀克，克里斯蒂娜·伊丽莎白(贝齐)(1833—1906)。**女权运动家、作家和剧作家。她在 1869 年创建周刊《我们的目标》(*Ons streven*)，不过很快失去编辑主控权。1870 年创建刊物《我们的呼吁》(*Onze roeping*)，倡导给予女性教育机会。1871 年，她创立第一个女性协会"工作使人高贵"(Arbeid Adelt)，旨在帮助改善有教养但贫困的女性的命运。1872 年，她参与了明娜·克鲁瑟曼(见本部分小传)的一次倡导妇女解放的巡回演说。

**勒伊特，米希尔·阿德里安松·德(1607—1676)。**海军英雄。德勒伊特在 11 岁时作为普通水手首次出海，在海军和商船队中有过各式 201
各样的航海经历。1652 年，他不大情愿地返回海军服役，在马尔滕·特龙普(见本部分小传)麾下，于第一次英荷战争(1652—1654)中表现突出。1653 年，约翰·德维特(见本部分小传)以个人身份说服德勒伊特接受海军中将军衔，在荷兰海军担任终身职务。他的上级是特龙普死后替代其位的海军上将范瓦塞纳·范奥弗达姆(1610—1665)。此间，德勒伊特指挥多次巡航作战，打击阿尔及利亚和法国的海盗。范奥弗达姆在第二次英荷战争(1665—1667)中身亡后，德维特令德勒伊特成为舰队总指挥，撤换起初暂时担任总指挥的马尔滕之子科内利斯·

特龙普(1629—1691)。这一人事变动出于政治动机。特龙普是执政王的热忱支持者,德勒伊特是行省议会权利的温和支持者。1666 年 8 月,荷兰在南福尔兰角(North Foreland)海战中败北,德勒伊特用卓越的撤退行动挽救了舰队。他沿泰晤士河的突袭最远至查塔姆,造成伦敦恐慌,并加快了战争的终结。在第三次英荷战争(1672—1674)中,他率领扩充后训练有素的荷兰舰队战胜了英国人。战后,舰队被裁减,陷入凄惨境况。不顾德勒伊特对舰队状况的抗议,他和舰队被派往地中海帮助西班牙对抗法国,本人在墨西拿受伤不治身亡。

**斯林厄兰,希蒙·范(1664—1736)。**政治家,枢密院秘书(1690—1725)。他支持强力中央政府,并在《关于尼德兰联合行省政府目前体制缺陷及改正方法的论述》(*Discours over de defecten in de tegenwoordige constitutie der regering van den Staat der Vereenigde Nederlanden en over de middelen van redressen*)中批评政治现状。1727 年,他以放弃自己的改革思想为条件,被任命为荷兰**大议长**。任期中,他的外交政策令他在欧洲获得了声望。他与罗伯特·沃波尔——首位实质上的英国首相——合作,旨在建立“全欧洲的和平”。其思想后来被爱国者运动采用,该组织在 1784 年和 1785 年出版了他的《政治著述》(*Staatkundige geschriften*),共四卷。

**斯派克,扬·卡雷尔·约瑟夫斯·范(1802—1831)。**海军英雄。
202 比利时革命时期,范斯派克是一艘炮舰的舰长,参与了安特卫普的轰炸。一次风暴把他的舰只卷上了防波堤,被比利时人围困。范斯派克佯装投降,走进船舱假装去取图纸,但实际上引燃了船只的火药仓。他和大部分水手都在爆炸中死去。在北部省份(今荷兰),他被视作英雄,鼓舞了北部继续与比利时的分裂做斗争。

**廷贝亨,扬(1903—1994)。**经济学家。1969 年,廷贝亨和朗纳·弗里施(Ragnar Frisch)因“发展和应用动态模型来分析经济过程”而共同获得第一届诺贝尔经济学奖。1929 年,廷贝亨获得莱顿大学物理学博士学位。当他被经济学吸引后,开始将物理学的数学基础应用于经济。利用统计学手段,廷贝亨用 50 多个变量创建了一套荷兰经济的可适用模型。他最出名的一本著作可能是在国联援助下出版的《1919—1932 年美国经济周期》(*Business Cycles in the United States, 1919—1932*)。被荷兰军队征召时,因觉得不合道义而拒绝。其弟弟尼古拉斯(Nikolaas, 1907—1988)因在动物的“个体和社会行为模式的构成和激发方面作出的发现”,与康拉德·洛伦茨(Konrad Lorenz)和卡尔·冯·弗里施(Karl von Frisch)一同获 1973 年诺贝尔生理学奖。

**特龙普,马尔滕·哈珀特松(1598—1653)。**海军英雄。第一次出海时跟父亲一起,还是孩子,并在父亲的船上亲历了直布罗陀海战(1607 年 4 月)。1637 年,他不无顾虑地接受任命,成为荷兰及西弗里斯兰海军总指挥。1639 年,他以优异战术在英吉利海峡唐斯湾(Downs)获得对西班牙舰队的压倒性胜利,标志了西班牙海上霸权的终结。他支持执政王弗雷德里克·亨利的舰队集中政策,但遭行省议会反对。1652 年,由于缺少资金,舰队备战不充分,在这种状况下,特龙普拒绝降低荷兰国旗表示对英国海军上将罗伯特·布莱克(Robert Blake, 1599—1657)的恭敬,从而开启了第一次英荷战争。特龙普在 1652 年 12 月控制了海峡,但舰队实力的劣势让英国重新掌握主动。1653 年 8 月,荷兰突破了英国对斯海弗宁恩(Scheveningen)海岸的封锁,特龙普在这次战斗、也是该战争最后一次大规模交战中阵亡。

**厄伊尔,约翰内斯(约普)·马滕·登(1919—1987)。**政治家、 203
PvdA 成员。登厄伊尔在阿姆斯特丹大学学过经济学。他是 PvdA - D'66 - PPR 内阁(1973—1977)首相。在其任首相期间,登厄伊尔面临着欧佩克所导致的石油危机,伯恩哈德亲王(贝娅特丽克丝女王之父)身陷洛克希德贿赂丑闻,南摩鹿加恐怖分子劫持了一座学校和一辆列车。虽然其政党在 1977 年赢得多数,他却无法组阁,被范·阿赫特(见本部分小传)领导的 CDA 以少数派政府所取代。他从政坛隐退后,其政党领袖地位由维姆·科克(1938—　)接替。

**瓦尔斯,约翰内斯·迪德里克·范·德(1837—1923)。**1910 年诺贝尔物理学奖得主。范·德瓦尔斯因对气体和液体的状态方程所进行的研究工作而获评审委员会认可,不仅因其纯理论方面的价值,而且还因实际应用方面的贡献。一名委员评价："在我们的经济和工业中，冷冻工程技术发挥着强大的作用，而其关键设计就主要基于范·德瓦尔斯的理论研究。"

**维特，约翰·德（1625—1672）。**荷兰最杰出的**大议长**。他是**真正的自由**这一概念的精神孕育者之一，该概念兴起于第一次无执政王时期（1650—1672），强调各行省的自主独立。他认为奥伦治王室的好战性是共和国商业利益的威胁，所以站在反对他们的立场。威廉三世（1650—1702）复辟执政王时，德维特引退辞职，后在同年被谋杀。虽然一直无法证明威廉三世与德维特被害有关，但间接证据强烈暗示这一点。威廉三世将主要嫌疑人置于自己的保护下，并给予他们一份奖赏。
204 德维特之死令他被 18 世纪的爱国者运动封为殉道者。

# 附录 2　荷兰印刷媒体公司 205

**印刷媒体业的兼并极大减少了媒体公司的数量。荷兰现有 5 家媒体公司，控制了 96%的国内日报市场：**

● 默伦霍弗报刊联合（Perscombinatie Meulenhoff），每日总发行量 1 460 363 份——占市场的 31%——拥有《共同日报》、《人民报》、《新鹿特丹商报》（NRC）、《忠诚报》、《鹿特丹日报》、《誓言报》、《多特纳尔报》（*De Dordtenaar*）和《莱茵与豪维报》[1]（*Rijn en Gouwe*）

● 电讯报控股（Telegraaf Holdings），每日总发行量 1 204 843 份——占市场的 25%——拥有《电讯报》、《北荷兰日报》（*Noordhollands Dagblad*）、《林堡日报》（*Limburgs Dagblad*）、《哈勒姆日报》（*Haarlems Dagblad*）、《艾默伊登快讯》（*Ijmuider Courant*）、《今日新闻》（*Nieuws van de dag*）、《古伊与伊姆兰德日报》（*De Gooi- en Eemlander Dagblad*）和《莱茨日报》（*Leids Dagblad*）

● 尼德兰联合出版社（Verenigde Nederlandse Uitgeversbedrijven），每日总发行量 843 867 份——占市场的 18%——拥有《林堡人报》（*De Limburger*）、《格尔德兰人报》（*De Gelderlander*）、《巴讷费尔德快讯》（*De Barneveldse Courant*）、《布拉邦日报》（*Brabants Dagblad*）、《言论

[1] 2005 年与《鹿特丹日报》、《多特纳尔报》一同并入《人民报》。——译者注

报》(*De Stem*)、《布拉邦新闻报》(*Brabants Nieuwsblad*)和《埃因霍温日报》(*Eindhovens Dagblad*)

● 瓦格纳报业(Wegener Arcade),每日总发行量 756 326 份——占市场的 16%——拥有《特文特快讯》(*Twentsche Courant*)、《图班提亚
206 报》[①](*Tubantia*)、《海牙快讯》[②](*Haagsche Courant*)、《海尔德日报》(*Gelders Dagblad*)、《代芬特尔日报》(*Deventer Dagblad*)、《欧弗艾瑟尔日报》(*Overijssels Dagblad*)、《阿珀尔多伦快讯》(*Apeldoornse Courant*)、《阿纳姆快讯》(*Arnhemse Courant*)、《乌特勒支新闻报》[③](*Utrechts Nieuwsblad*)、《水陆日报》[④](*Dagblad Rivierenland*)、《兹沃勒快讯》(*Zwolse Courant*)、《新坎珀日报》(*Nieuw Kamper Dagblad*)、《弗雷佛兰日报》(*Dagblad Flevoland*)、《西兰省快讯》(*Provinciale Zeeuwse Courant*)和《豪达快讯》(*Goudse Courant*)

● 北方日报联合(Noordelijke Dagblad Combinatie),每日总发行量 314 736 份——占市场的 7%——拥有《北方新闻报》(*Nieuwsblad van het Noorden*)、《德伦特快讯》(*Drentse Courant*)、《格罗宁根日报》(*Groninger Dagblad*)和《吕伐登快讯》(*Leeuwarder Courant*)

---

① 《特文特快讯》和《图班提亚报》已合并为《图班提亚特文特快讯报》(*De Twentsche Courant Tubantia*)。——译者注

② 2005 年并入《人民报》。——译者注

③ 2005 年并入《人民报》。——译者注

④ 2003 年停止发行。——译者注

# 进一步阅读书目 207

这里推荐进一步阅读的书目仅限英语。荷兰语阅读者可在本附录大部分书籍的参考书目部分找到大量荷兰文献，不过 Jonathan Irvine Israel, *The Dutch Republic: Its Rise, Greatness, and Fall, 1477—1806* (Oxford: Oxford University Press, 1995) 的参考书目内容尤其丰富。

## 年表和原始文献

Pamela Smit and J. W. Smith, *The Netherlands: A Chronology and Fact Book* (Dobbs Ferry, NY: Oceana, 1973)第一部分 (pp. 1—64) 有一份细节翔实的年表，从公元前 57 年至公元 1971 年。Charles Ralph Boxer, *The Dutch Seaborne Empire, 1600—1800* (Harmondsworth: Penguin, 1973) 一书中可找到 1568—1795 的年表。

奥伦治王室(1748—1911)系谱，见 Sydney W. Jackman and Hella Haasse, eds., *A Stranger in The Hague: The Letters of Queen Sophie of the Netherlands to Lady Malet, 1842—1877* (Durham, NC: Duke University Press, 1989)。奥伦治-拿骚王室和其他荷兰显赫家族的系谱，可见 Geoffrey Parker, *The Dutch Revolt* (Ithaca,

208 NY：Cornell University Press，1977)。斯图尔特王室(1567—1807)、奥伦治王室(1475—1702)系谱，可见 Pieter Geyl，*Orange and Stuart* (New York：Charles Scribner's Sons，1969)。

Pamela Smit and J. W. Smit，*The Netherlands：A Chronology and Fact Book* (Dobbs Ferry，NY：Oceana，1973) 的第二部分收集了荷兰历史上重要文件的译本：荷兰国歌；安特卫普骚乱报告，1566；奥伦治的威廉对总议会所做演说，1576；取消宣誓法案；扬·范林斯霍滕(Jan Van Linschoten，通译作林索登)旅行路线，1598；北冰洋航海水手日记；彼得·德拉考特之《荷兰的利益》节选，1662；民主运动宣言，1781；卡斯尔雷勋爵(Lord Castlereagh)关于尼德兰的同盟备忘录，1813；尼德兰立国宣言书，1813；1860 年的英国对荷兰议会的看法；威廉明娜女王对二战爆发所作叙述，1940；阿姆斯特丹反迫犹罢工记述，1941；威廉明娜女王所描述的自由，1944—1945；二战带来的伤害，1945；关于荷兰-印尼冲突的文献，1945—1949。

另一份重要历史文献的翻译集在 F. Gunther Eyck，*The Benelux Countries：An Historical Survey* (Princeton，NJ：Van Nostrand，1959) 第二部分 (pp. 110—185)：卢森堡城市特许状，1244；维也纳条约，1815；伦敦条约，1831；比荷卢三国关税同盟，1950。

关于奴隶贸易原始文献的译文，见 Johannes Postma，*The Dutch in the Atlantic Slave Trade，1600—1815* (Cambridge：Cambridge University Press，1990)。

## 叙事史

William Z. Shetter，*The Pillars of Society：Six Centuries of Civilization in the Netherlands*，second revised edition (Utrecht：Netherlands Centrum Buitenlanders，1997) 和 *The Netherlands in Perspective：The Organizations of Society and Environment* (Leiden：Martinus Nijhoff，1987) 两书对荷兰社会概况作了出色的描绘。与荷兰外事办协议后创作的 Frank E. Huggett，*The Dutch*

*Today* (The Hague: Staatsuitgeverij, 1973) 的叙述则更通俗。J. Goudsblom, *Dutch Society* (New York: Random House, 1967), Adriaan Jacob Barnouw, *The Dutch: A Portrait Study of the People of Holland* (New York: Columbia University Press, 1940), *The Making of Modern Holland: A Short History* (New York: Norton, 1944), *The Pageant of Netherlands History* (New York: Longmans, Green, 1952) 以及 *The Land and People of Holland* 209
(Philadelphia: Lippincott, 1972) 对社会的描述略为过时，但也相当不错。Max Schuchart, *The Netherlands* (New York: Walker & Co., 1972) 和 Gerald Newton, *The Netherlands: An Historical and Cultural Survey, 1795—1977* (Boulder, CO: Westview Press, 1978) 则更具时效性。

关于 20 世纪后半叶的流行文化、音乐和大众传媒，以及它们如何受美国波普(pop)文化影响，Mel van Elteren, *Imagining America: Dutch Youth and Its Sense of Place* (Tilburg: Tilburg University Press, 1994) 是一份非常学术的研究著作。

虽然上面的信息并不能常常迅速更新，但荷兰外事部的网站〈http://www.bz.mionbuza.nl/english/home.html〉提供了对荷兰人生活的概述，另外还有荷兰驻华盛顿使馆的网站〈http://www.netherlands-embassy.org/nlpca.htm〉也有相关信息查找最近的统计数据，可见中央统计局网站〈www.cbs.nl〉。

Frank E. Huggett, *The Modern Netherlands* (New York: Praeger, 1971) 的附录部分有 20 世纪 40 年代、50 年代和 60 年代的统计资料。

关于荷兰地理，见 A. M. Lambert, *The Making of the Dutch Landscape: An Historical Geography of the Netherlands* (New York: Seminar Press, 1971)。

关于荷兰政府的更多信息，见 Rudy Andeweg and Galen A. Irwin, *Dutch Government and Politics* (New York: St. Martin's

Press, 1993)。关于荷兰财政史，见 Marjolein't Hart, Joost Jonker, and Jan Luiten van Zanden, eds., *A Financial History of the Netherlands* (Cambridge: Cambridge University, 1997) 和 Johan de Vries, *The Netherlands Economy in the Twentieth Century: An Examination of the Most Characteristic Features in the Period 1900—1970* (Assen, Netherlands: Van Gorcum, 1978)。

关于荷兰社会体系，可见 Loren S. Barritt, *An Elementary School in Holland: Experiment in Educational Practice* (Utrecht: Jan van Arkel International Books, 1996)。鹿特丹学生总会的网站〈http://www.eur.nl/studeren/arsb/univned.html〉有荷兰所有大学和学院的链接。

12—20 世纪荷兰文学史可见 Reinder Meijer, *Literature of the Low Countries: A Short History of Dutch Literature in the Netherlands and Belgium* (The Hague: Nijhoff, 1978)，这是 1971 年版的再版和扩充。

Max Schuchart, *The Netherlands* (New York: Walker & Co.,
210 1972) 中有对荷兰史前期至 1970 年历史的综述。F. Gunther Eyck, *The Benelux Countries: An Historical Survey* (Princeton, NJ: Van Nostrand, 1959) 的第一部分 (pp. 10—109) 是对比荷卢历史的简要综述。J. Kossman-Putto and E. H. Kossman, *The Low Countries: A History of the Northern and Southern Netherlands, 1780—1940* (Rekkem, Flanders, Belgium: Flemish-Netherlands Foundation, 1987) 将荷兰与比利时历史(1780—1940)结合起来进行了分析。关于从中世纪到 17 世纪的低地国家(荷兰和比利时)历史，见 Herman van der Wee, *The Low Countries in the Early Modern World* (Brookfield, VT: Variorum, 1993)。

John Lothrop Motley, *The Rise of the Dutch Republic: A History in Four Volumes* (New York: Harper & Brothers, 1855) 是一本随处可见的荷兰 19 世纪历史经典著作。它以讲故事和戏剧展演

般的方式讲述了荷兰的历史，莫特利的人格也在字里行间栩栩如生。

关于罗马时代的尼德兰，见 Tacitus, *Great Books of the Western World*, *Volume 15* (Chicago: Encyclopedia Britannica, 1952)。

关于勃艮第时代的尼德兰，见 Walter Prevenier, *The Burgundian Netherlands* (Cambridge: Cambridge University Press, 1986)。

关于哈布斯堡时代的尼德兰，见 Charles W. Ingrao, *The Habsburg Monarchy*, *1618—1815* (Cambridge: Cambridge University Press, 1994)。

关于八十年战争(荷兰独立战争)概况，见 Pieter Geyl, *The Netherlands in the Seventeenth Century*, 2 vols. (New York: Barnes & Noble, 1961—1964) 卷一 (1609—1648)。Jonathan Irvine Israel, *The Dutch Republic: Its Rise*, *Greatness*, *and Fall*, *1477—1806* (Oxford: Oxford University Press, 1995) 在历史大环境下介绍了从西班牙独立的战争和黄金时代，还解释了尼德兰分裂成比利时和荷兰南北两部分的原因。

关于荷兰和比利时宗教改革，见 Alastair C. Duke, *Reformation and Revolt in the Low Countries* (London: Hambledon Press, 1990)。关于荷兰哲学家伊拉斯谟生平，可见 Albert Hyma, *The Life of Desiderius Erasmus* (Assen, Netherlands: Van Gorcum, 1972)。

普通人眼中的黄金时代，见 Arie Theodorus van Deursen, *Plain Lives in a Golden Age: Popular Culture*, *Religion*, *and Society in Seventeenth-Century Holland* (Cambridge: Cambridge University Press, 1991)。Simon Schama, *The Embarrassment of Riches: An Interpretation of Dutch Culture in the Golden Age* (New York: Alfred A. Knopf, 1987)是一份也许有所争议，但颇为有趣的黄金时代记述。关于黄金时代后的衰落，见 Johan Huizinga, *The Autumn* 211
*of the Middle Ages: A Study of the Forms of Life*, *Thought*, *and Art in France and the Netherlands in the Fourteenth and Fifteenth*

*Centuries* (Chicago: University of Chicago Press, 1996)。

关于英荷战争，见 James Rees Jones, *The Anglo-Dutch Wars of the Seventeenth Century* (New York: Longman, 1996)。

关于荷属苏里南的资料，见 Cornelis Christiaan Goslinga, *The Dutch in the Caribbean*, 3 vols.: vol. 1 — *and on the Wild Coast, 1580—1680*; vol. 2 — *and in the Guianas, 1680—1791*; vol. 3 — *and in Surinam, 1795—1942* (vol. 1: Gainesville: University of Florida Press, 1971; vols 2 and 3: Assen, Netherlands: Van Gorcum, 1985 and 1990)。关于巴西，见 Charles Ralph Boxer, *The Dutch in Brazil, 1624—54* (Oxford: Clarendon Press, 1957)。关于巴西、苏里南和安的列斯，见 Johannes Postma, *The Dutch in the Atlantic Slave Trade, 1600—1815* (Cambridge: Cambridge University Press, 1990)。Jean Gelman Taylor, *The Social World of Batavia: European and Eurasian in Dutch Asia* (Madison: University of Wisconsin Press, 1983) 一书探讨了荷属亚洲殖民地的社会生活状况。关于荷属期的南非历史，见 Egidius Benedictus Watermeyer, *Selections of the Writings of the Late E. B. Watermeyer, with a Brief Sketch of His Life* (Cape Town: Juta, 1877)。关于荷属东印度和西印度公司，见 Pieter Geyl, *The Netherlands in the Seventeenth Century*, 2 vols. (New York: Barnes & Noble, 1961—1964)。关于奴隶贸易，见 Johannes Postma, *The Dutch in the Atlantic Slave Trade, 1600—1815* (Cambridge: Cambridge University Press, 1990)。Hendrik Riemens, *The Netherlands: Story of a Free People* (New York: Eagle Books, 1944) 是以 20 世纪前半叶、殖民制废除之前的视角所作出的一份关于殖民地的有趣概述。

关于巴达维亚共和国、法国统治时期、尼德兰王国和 1848 年新宪政，见 Simon Schama, *Patriots and Liberators: Revolution in the Netherlands, 1780—1813* (New York: Alfred A. Knopf, 1977);

Jonathan Irvine Israel, *The Dutch Republic: Its Rise, Greatness, and Fall, 1477—1806* (Oxford: Oxford University Press, 1995) 以及 Petrus Johannes Blok, *History of the People of the Netherlands*, 5 vols. (New York: AMS Press, 1970) 卷五。

Hendrik Riemens, *The Netherlands: Story of a Free People* (New York: Eagle Books, 1944) 描述了二战时期荷兰人眼中的二战，包括欧洲和太平洋战场，颇有意思。二战中荷兰被占领状况可见 Louis de Jong, *The Netherlands and Nazi Germany* (Cambridge, MA: Harvard University Press, 1990) 和 Werner Warmbrunn, *The Dutch under German Occupation, 1940—1945* (Stanford, CA: Stanford University Press, 1963)。关于解放荷兰的战役，见 Henri A. van der Zee, *The Hunger Winter: Occupied Holland 1944—45* (London: J. Norman & Hobhouse, 1982)。 212

Gordon Langley Hall, William, *Father of the Netherlands* (New York: Rand McNally, 1969) 是一本沉默威廉的传记。关于所有执政王（威廉一世至五世），见 Herbert Harvey Rowen, *The Princes of Orange: The Stadholders in the Dutch Republic* (Cambridge: Cambridge University Press, 1988)。威廉三世配偶、索菲女王的信件收录于 Sydney W. Jackman and Hella Haasse (eds.), *A Stranger in The Hague: The Letters of Queen Sophie of the Netherlands to Lady Malet, 1842—1877* (Durham, NC: Duke University Press, 1989)。有关 1641—1672 年荷兰王室与英国王室的关系，可见 Pieter Geyl, *Orange and Stuart* (New York: Charles Scribner's Sons, 1969)。

关于荷兰军方的一般信息，可见荷兰国防部维护的网站〈http://www.mindef.nl/english/index.htm〉。Francis Vere, *Salt in Their Blood: The Lives of the Famous Dutch Admirals* (London: Cassell, 1955) 是一系列荷兰上将的传记集。

荷兰外交政策历史概述可见 Amry J. Vandenbosch, *Dutch*

*Foreign Policy since 1815: A Study in Small Power Politics* (The Hague: Nijhoff, 1959); J. H. Leurdijk, ed., *The Foreign Policy of the Netherlands* (Alphen aan den Rijn: Sijthoff & Noordhoff, 1978) 和 C. B. Wels, *Aloofness and Neutrality: Studies on Dutch Foreign Relations and Policy-Making Institutions* (Utrecht: H&S, 1982)。

获得普利策奖的 Barbara Tuchman, *The First Salute: A View of the American Revolution* (New York: Ballantine Books, 1988) 以英国同法荷的冲突为历史背景,叙述了美国革命时期(1776—1781)的荷美关系。该书阐释了法国和荷兰的援助如何令美国赢得胜算。

关于荷兰向北美的移民,见基于第一手资料、1928 年初版于荷兰的经典研究著作 Jacob van Hinte, *Netherlanders in America: A Study of Emigration and Settlement in the Nineteenth and Twentieth Centuries in the United States of America* (Grand Rapids,
213 MI: Baker Book House, 1985)。Henry Stephen Lucas, *Netherlanders in America: Dutch Immigration to the United States and Canada, 1789—1950* (Grand Rapids, MI: W. B. Eerdmans, 1989) 则是一份更近当代的研究。一系列关于荷兰人 19、20 世纪移民美国和加拿大的文章收录于 Robert P. Swierenga, ed., *The Dutch in America: Immigration, Settlement, and Cultural Change* (New Brunswick, NJ: Rutgers University Press, 1985)。

# 20世纪荷兰语作品译作参考书目

Beckman, Thea. *Crusade in Jeans*. New York: Scritbner, 1975.

Bloem, Marion. *Cockatoo's Lie*. Seattle, WA: Women in Translation, 1996.

Boon, Louis Paul. *Chapel Road*. New York: Macmillan, 1972.

Bordewijk, Ferdinand. *Character*. Franklin, NY: New Amsterdam Books, 1990.

Brouwers, Jeroen. *Sunken Red*. Franklin, NY: New Amsterdam Books, 1992.

Bruna, Dick. *Miffy at the Playground*. Handford: World International, 1996; reprinted in 1997.

——. *Miffy*. Handford: World International, 1997.

——. *Miffy at School*. New York: Kodansha International, 1997.

——. *Miffy at the Seaside*. Handford: World International, 1997.

——. *Miffy in the Snow*. Handford: World International, 1997.

Bussink, Gerrit, ed. *Bittersweet Pieces: Anthology of Short*

*Stories*. Montreal: Guernica Editions, 1991.

——. *Nice People: Anthology of Short Stories*. Montreal: Guernica Editions, 1993.

Campert, Remco. *In the Year of the Strike*. Columbus: Ohio University Press, 1969.

——. "ATrip to Zwolle," in *The Library of Netherlandic Literature, Volume 2: Modern Stories from Holland and Flanders*. Egbert Krispyn (ed.). New York: Twayne Publishers, 1973.

——. "Pleasant Weeks in Paris," in *Nice People: Anthology of Short Stories*. Gerrit Bussink (ed.). Montreal: Guernica Editions, 1993.

——. "Property Is Theft," in *Nice People: Anthology of Short Stories*. Gerrit Bussink (ed.). Montreal: Guernica Editions, 1993.

——. "The Disappearance of Bertje S.," in *Dedalus Book of Dutch Fantasy: Anthology of Short Stories*. Richard Huijing (ed.). New York: Hippocrene Books, 1994.

——. *This Happened Everywhere*. San Francisco: Androgyne Books, 1997.

Claus, Hugo. *Sorrow of Belgium*. New York: Pantheon Books, 1990.

——. *Desire*. New York: Viking Penguin, 1997.

——. *The Swordfish*. Chester Springs, PA: Dufour Editions, 1997.

Couperus, L. *The Hidden Force*. Amherst: University of Massachusetts Press, 1990.

——. "Bluebeard's Daughter," in *Dedalus Book of Dutch Fantasy: Anthology of Short Stories*. Richard Huijing (ed.). New York: Hippocrene Books, 1994.

Dantzig, Rudi van. *For a Lost Soldier*. London: Bodley Head,

1996.

Dis, Adriaan van. *My Father's War*. New York: New Press, 1996.

Elsschot, Willem. *Villa des Roses*. New York: Viking Penguin, 1993.

——. *Three Tales from a Life*. Franklin, NY: New Amsterdam Books, 1999.

Frank, Anne. *The Diary of Anne Frank*. San Diego, CA: Harcourt Brace & Co., 1995.

Friedman, Carl. *Nightfather*. New York: Persea Books, 1995.

——. *The Shovel and the Loom*. New York: Persea Books, 1997.

——. *The Gray Lover*. New York: Persea Books, 1998.

Geeraerts, Jef. *Black Ulysses*. New York: Viking Penguin, 1978.

Grunberg, Arnon. *Blue Mondays*. New York: Farrar, Straus & Giroux, 1997.

Haasse, Hella S. *In a Dark Wood Wandering*. Chicago: Academy Chicago Publishers, 1994.

——. *Forever a Stranger and Other Stories*. New York: Oxford University Press, 1996.

——. *Threshold of Fire*. Chicago: Academy Chicago Publishers, Ltd., 1996.

——. *The Scarlet City*. Chicago: Academy Chicago Publishers, Ltd., 1997.

*Half-a-Dozen Dutch: Six Writers-in-Residence at American Universities: Benno Barnard, Graa Boomsma, Renate Dorrestein, Thomas Rosenboom, Bert Schierbeek, Arie van den Berg*. Ann Arbor, MI: Q. E. D. Press, 1989.

't Hart, Maarten. "Jaap Schaap," in *Bittersweet Pieces: Anthology of Short Stories*. Gerrit Bussink (ed.). Montreal: Guernica Editions, 1991.

Hartog, Jan de. *Captain Jan*. New York: White Lion, 1976.

Herzberg, Judith. *But What*. Oberlin, OH: Oberlin College Press, 1988.

Keuls, Yvonne. *The Mother of David S*. New York: St. Martin's Press, 1986.

Kopland, Rutger. *A World beyond Myself*. Chester Springs, PA: Dufour Editions, 1991.

Krabbé, Tim. "The Man Within the Cyclist," in *Nice People: Anthology of Short Stories*. Gerrit Bussink (ed.). Montreal, Guernica Editions, 1993.

——. *The Vanishing*. New York: Random House Value Publishing, 1995.

Minco, Marga. *Glass Bridge*. Chester Springs, PA: Dufour Editions, 1988.

——. *Empty House*. Chester Springs, PA: Dufour Editions, 1990.

——. *The Fall*. Chester Springs, PA: Dufour Editions, 1990.

——. *Bitter Herbs*. New York: Viking Penguin, 1991.

——. *The Other Side*. Chester Springs, PA: Dufour Editions, 1994.

Moor, Margriet de. *First Grey, Then White, Then Blue*. London: Picador, 1994.

Möring, Marcel. *The Great Longing*. New York: HarperCollins, 1996.

Mulisch, Harry. *The Stone Bridal Bed*. London and New York: Abelard-Schuman, 1962.

——. “The Horses' Jump and the Fresh Sea,” in *The Library of Netherlandic Literature, Volume 2: Modern Stories from Holland and Flanders*. Egbert Krispyn(ed.). New York: Twayne Publishers, 1973.

——. *Two Women*. New York: Riverrun Press, Inc., 1981.

——. *What Poetry Is*. Merrick, NY: Cross-Cultural Communications, 1981.

——. *The Assault*. New York: Pantheon Books, 1986.

——. *Last Call*. New York: Viking Penguin, 1991.

——. “Decorated Man,” in *Dedalus Book of Dutch Fantasy: Anthology of Short Stories*. Richard Huijing (ed.). New York: Hippocrene Books, 1994.

——. *The Discovery of Heaven*. New York: Viking Penguin, 1997.

*New Writings and Writers, Volume 21: Alan Bold, John Wynne, Leonardo Schiascha, Philip O'Connor, Naomi May, Maarten't Hart*. New York: Riverrun Press, 1985.

*Nine Dutch Poets: Rollins, Remco Camperl, Bert Schierbeek, Simon Vinkenoog, J. Bernlef, Jules Deelder, Judith Herzberg, Karel Appel, Hans Plomp*. San Francisco: City Lights Books, 1982.

Nooteboom, C. *Philip and the Others*. Baton Rouge: Louisiana State University Press, 1988.

——. *Knight Has Died*. Baton Rouge: Louisiana State University Press, 1990.

——. *A Song of Truth and Semblance*. New York: Viking Penguin, 1990.

——. *In the Dutch Mountains*. New York: Viking Penguin, 1991.

——. *The Following Story*. San Diego, CA: Harcourt Brace & Co. , 1996.

——. *Rituals*. San Diego, CA: Harcourt Brace & Co. , 1996.

——. *The Roads to Santiago*. San Diego, CA: Harcourt Brace & Co. , 1996.

Ostaijen, Paul van. *Feasts of Fear and Agony*. New York: New Directions Publishing, 1976.

——. *The First Book of Schmoll*. Los Angeles: Sun & Moon Press, 1996.

Palmen, Connie. *The Laws*. New York: George Braziller, 1993.

Poortvliet, Rien. *Gnomes*. London: New English Library, 1977; reprinted in New York: Harry N. Abrams, 1997.

——. *The Living Forest: A World of Animals*. New York: Harry N. Abrams, 1979.

——. *Secrets of the Gnomes*. New York: Harry N. Abrams, 1981; reprinted in 1982.

——. *Rien Poortvliet's Horses*. New York: Stewart, Tabori and Chang, 1995.

Reve, Gerard. "The Decline and Fall of the Boslowits Family," in *The Library of Netherlandic Literature, Volume 2: Modern Stories from Holland and Flanders*. Egbert Krispyn (ed.). New York: Twayne Publishers, 1973.

——. *Parents Worry*. North Pomfret, VT: Trafalgar Square, 1991.

——. "Werther Nieland," in *Dedalus Book of Dutch Fantasy: Anthology of Short Stories*. Richard Huijing (ed.). New York: Hippocrene Books, 1994.

Robinson, Tjalie. *The Hunt for the Heart*. Kuala Lumpur:

Oxford University Press, 1997.

Ruyslinck, Ward. *Golden Ophelia*. London: Peter Owen, 1975.

Schmidt, Annie M. G. *Frizzlycurl*. Enschede, Holland: Tetem, 1966.

——. *Bob and Jilly*. London: Methuen, 1976.

——. *Bob and Jilly Are Friends*. London: Methuen, 1977.

——. *Dusty and Smudge and the Bride*. London: Methuen, 1977.

——. *Dusty and Smudge Keep Cool*. London: Methuen, 1977.

——. *Dusty and Smudge Spill the Paint*. London: Methuen, 1977.

——. *The Island of Nose*. London: Methuen, 1977.

——. *Dusty and Smudge and the Cake*. London: Methuen, 1979.

——. *Dusty and Smudge Splash the Soup*. London: Methuen, 1979.

——. *Bob and Jilly in Trouble*. London: Methuen, 1980.

——. *Pink Lemonade*. Grand Rapids, MI: Eerdmans, 1981; reprinted in 1992.

——. *Minnie*. Minneapolis, MN: Milkweed, 1994.

Vestdijk, Simon. *New Writers Two: Simon Vestdijk*. Atlantic Highlands, NJ: Humanities Press International, 1963.

——. *Red Dust Two: Alan Burns, Simon Vestdijk, Babette Sassoon*. New York: Red Dust, 1972.

——. *New Writers: Robert Pinget, Simon Vestdijk, Miodrag Bulatovic, Keith Johnstone*. New York: Riverrun Press, Inc., 1980.

——. *The Garden Where the Brass Band Played*. Franklin,

NY: New Amsterdam Books, 1992.

——. "Affection," in *Dedalus Book of Dutch Fantasy: Anthology of Short Stories*. Richard Huijing (ed.). New York: Hippocrene Books, 1994.

Winter, Leon de. *The Day before Yesterday*. Ancram, NY: Vehicle Editions, 1985.

Wolkers, Jan. *A Rose of Flesh*. New York: George Braziller, 1963.

——. "Minister in a Straw Hat," in *The Library of Netherlandic Literature, Volume 2: Modern Stories from Holland and Flanders*. Egbert Krispyn (ed.). New York: Twayne Publishers, 1973.

——. *Turkish Delight*. London: Futura Publications, 1974; reprinted in 1976; reprinted in New York: Marion Boyars Publishing, 1983.

——. "Feathered Friends," in *Dedalus Book of Dutch Fantasy: Anthology of Short Stories*. Richard Huijing (ed). New York: Hippocrene Books, 1994.

# 索　　引

（英文条目后数字为原书页码，即本书边码）

**B**

## D

## F

**H**

## I

J



K

N

**Q**



**R**

### T

### U

V



W